Im Namen der Mutterliebe
Die Geschichte einer Kindesentführung

Rukhsar Khan

12. Dezember 2012

Rukhsar-Verlag
Copyright © 2012. Alle Rechte vorbehalten.
Internet:
http://www.airnet.de/rukhsarkhan.html
Facebook:
http://www.facebook.com/ImNamenDerMutterliebe

ISBN 978-3-943925-00-5

Die vorliegende Publikation ist urheberrechtlich geschützt. Alle Rechte, auch die der Übersetzung, vorbehalten. Kein Teil des Werkes darf in irgendeiner Form (Einscannen, Druck, Fotokopie, elektronische Form oder einem anderen Verfahren) ohne schriftliche Genehmigung des Herausgebers reproduziert, vervielfältigt oder verbreitet werden.

© *2012, Rukhsar-Verlag*

© 2012, Rukhsar-Verlag

Inhaltsverzeichnis

1	Prolog	7
2	Erster Entführungsversuch Ende 2005	15
3	Zwischenspiel vor der Entführung	31
4	Vollzug der Entführung	39
5	In Pakistan	63
6	Erfolglos wieder zurück in Deutschland	113
7	Das Ende vom Anfang	143

Inhaltsverzeichnis

© 2012, Rukhsar-Verlag

Kapitel 1

Prolog

Anfang 1995 fand in Islamabad die von unseren Eltern arrangierte Hochzeit zwischen Irma und mir statt, nebenbei bemerkt auch heute noch nichts Außergewöhnliches für diesen Kulturkreis. Wir kannten uns vorher nicht, was die ebenfalls, wie mich meine Familie immer wieder beruhigte, üblichen Anpassungsschwierigkeiten zur Folge hatte. Dies galt insbesondere für mich, der ich, in Deutschland geboren und aufgewachsen und geprägt von einem überaus patriarchalischen Elternhaus einerseits und einer durch und durch europäischen Sozialisation andererseits, so heftig wie nie zuvor zwischen die Mühlsteine der Kulturen geriet.

Natürlich stellt sich die Frage, warum ich mich mit der Hochzeit überhaupt einverstanden erklärt habe. Nun, ich war gerade erst neunzehn Jahre jung. Seit meiner frühesten Kindheit war die Heirat in Pakistan ein selbstverständlicher Bestandteil

Kapitel 1 Prolog

meiner Erziehung. Ich kannte bis dahin nur Pro's einer solchen Eheschließung, verstärkt durch viele Con's eines abendländischen Ehelebens. Hinzu kam die Tatsache, dass ich damals eine existentielle Krise durchlitt, als Folge davon, dass ich den Sinn des Lebens schon seit langem nicht verstand. Wer bin ich? Wo komme ich her? Wo gehe ich hin? Und vor allem, was ist meine Aufgabe? Das waren die vier Fragen, die mich schon seit meinem siebzehnten Lebensjahr beschäftigten. Kann es der Sinn meines Lebens sein, dass ich noch weitere 40 Jahre lang morgens um sieben Uhr aufstehe, um zur Arbeit zu gehen – die mir übrigens durchaus viel Spaß bereitete – und abends um achtzehn Uhr oder später zurückkomme, nur damit ich zu essen und trinken und darüber hinaus noch ein Dach über dem Kopf habe? Mein Leben war sehr trocken, farblos, völlig geistlos. „Es muss doch etwas Höheres in diesem Dasein geben", fragte ich mich immer wieder voll hilfloser Verzweiflung. „Etwas, das Sinn macht!" Aber ich konnte des Rätsels Lösung für mich nicht finden.

Aus dieser Zeit stammt meine erste Wahrnehmung eines Lichtes. Obwohl es schwach in der Ferne leuchtete, spendete es mir Kraft und Wärme. Ich wusste nicht, wo es herkam, aber ich war mir völlig sicher: es war ein göttliches Licht. Verkündet von einem Propheten, es muss Jesus gewesen sein, denn es wurde vorgetragen von einer, ich würde sagen, Nonne. Es erreichte mich auf einmal jeden Morgen, als ich aufstand, um zur Arbeit zu gehen. Jedes Mal, wenn ich diese Worte hörte, verkrampfte sich mein Herz. „Also doch, da gibt es nocht etwas im Leben." Diese Erkenntnis traf mich wie ein gewaltiger Weckruf. Also begab ich mich auf die Suche: Literatur über Literatur. Erst nahm ich Religionen auseinander, dann verschiedene Kulturen. Und in diesem Labyrinth bin ich, angefangen von Politik über die Gesellschaftslehre bis hin zur Kriminalität auf fast alle Disziplinen gestoßen, die der menschliche Geist hervorgebracht hat. Völlig systemisch und interdisziplinär. Doch welche Bedeutung hatten meine Erkenntnisse für mein eigenes Leben? Wie sollte es meine Probleme lösen? Zwei Jahre waren vergangen, doch ich wusste es noch immer nicht.

Und nun stand ich da und sollte heiraten. Ich hatte bereits meine Jugend als verträumter Suchender der ewigen Liebe vergeudet. Es muss wohl in meinen Genen gesteckt haben. Die Sehnsucht nach dieser legendären, herzzerreißenden Bollywood-Liebe, obwohl man damals diesen Begriff noch gar nicht kannte, war tief in meinem Blut verankert. Die missglückten Jugendlieben sprachen zumindest dafür, einen neuen Weg zu gehen. Völlig unkonventionell war in meinem Leben ohnehin schon alles. Betrachtete ich das Ganze ausschließlich rational und verglich die Scheidungsquoten, sprach eine Heirat zumindest vom Verhältnis her deutlich für Pakistan. Auf emotionaler Ebene war meine Antwort unzweideutig klar. Es wäre ein „Nein" gewesen. „Vielleicht ist es aber auch die Lösung meiner Probleme", dachte ich mir. Vielleicht ist es genau die „Liebe", die mir in meinem Leben fehlt und alles so sinnlos erscheinen lässt. Aber woran sollte ich denn erkennen, dass Irma meine große Liebe ist? Aus welcher Perspektive ich die Sache auch betrachtete: Ich war mir völlig im Klaren darüber, was mich erwartete, wenn ich dieses „Nein" meiner Familie gegenüber artikuliert hätte.

© 2012, Rukhsar-Verlag

Kapitel 1 Prolog

Meine Reife und geistige Stärke waren damals alles andere als ausreichend, um mich derartigen Zwängen zu stellen. Und da ich mir ein Leben ohne Familie nicht vorstellen konnte, beugte ich mich schlussendlich dem Willen meines Vaters. Schließlich wollen die Eltern ja immer das „Beste" für ihre Kinder, was immer das „Beste" auch sein mag. Irma hatte weniger Schwierigkeiten, war ich doch erklärtermaßen vom ersten Moment an ihr Traummann und so folgte sie mir zu meiner Familie nach Deutschland.

Bereits Ende 1995 erblickte unser erstgeborener Sohn Danial das Licht der Welt, gefolgt von Adil im Jahr 1998. Recht schnell begann es in unserer Ehe immer heftiger zu kriseln, katalysiert durch ihre Familie und die Tatsache, dass ich an Irma immer mehr Charakterzüge entdeckte, die mir in ihre aggressiven Ausprägung nicht nur fremd waren, sondern die mich in zunehmendem Maße abschreckten. Es waren nicht nur interkulturelle Differenzen, mit denen wir zu kämpfen hatten, sondern unsere Ansichten und Lebensweisen waren komplett kontrovers. So war meine Erziehung geprägt von Disziplin, Selbstachtung und beruflichem Ehrgeiz, während ihre eher genau entgegengesetzt war. Meine damalige Hoffnung, eine Ehe mit Irma könnte vielleicht die Lösung meiner Probleme sein, war gescheitert. Dachte ich doch vor der Hochzeit, ich könne nicht tiefer fallen, erwies sich dieser Gedanke mittlerweile als nichtig. Nun waren meine Söhne nur noch der einzige Grund, der mich an Irma's Seite hielt. Unsere Beziehung entwickelte sich im Laufe der Zeit immer mehr zur Katastrophe, so dass wir schließlich im Jahr 2005 offiziell getrennt und uns hassend, aber auf Grund des gesetzlich erforderlichen Trennungsjahres, immer noch unter einem Dach lebten.

Für Irma stand eines fest: Sie wollte um jeden Preis an dieser Ehe festhalten, einerseits, um ihr Gesicht nicht zu verlieren, andererseits, um sich an mir für was auch immer zu rächen. Deshalb erklärte sie mir den Krieg, einen unerbittlichen, grausamen Krieg ohne Rücksicht auf Verluste, auch wenn es dabei um ihre eigenen Kinder ging. Denn die Kinder sollten nun zu ihrer schärfsten, schlagkräftigsten Waffe werden. Sie wusste ganz genau, dass Danial und Adil mir sehr viel bedeuteten und da konnte sie mich am tiefsten treffen. Sie drohte mir immer wieder damit, dass ich meine Kinder nach der Scheidung nie wieder zu Gesicht bekäme.

Keinesfalls die hysterische, unselbständige, verlassene, geschmähte Ehefrau, die sie so gerne bei Freunden und Familie mit hoher Perfektion zu geben pflegte, sondern mit kühler Berechnung begann Irma bereits zu diesem Zeitpunkt, die Entführung unserer Söhne generalstabsmäßig zu planen und vorzubereiten. Sie nahm diesen Kampf mit der Fälschung meiner Unterschrift zur Erlangung der Reisepässe für die Kinder auf, der seinen Höhepunkt in der erfolgreichen Entführung nach Pakistan fand. Dabei hatte sie nicht nur die deutsche, sondern auch die britische und pakistanische Justiz, Polizei und Behörden an der Nase herumgeführt. Und keiner schien Irma Einhalt gebieten zu können.

© *2012, Rukhsar-Verlag*

Kapitel 1 Prolog

Nach Irma's ebenso zahl- wie haltlosen Strafanzeigen wegen vermeintlicher Freiheitsberaubung und Körperverletzung gegen mich, die regelmäßige Besuche von Polizei und Staatsanwaltschaft zur Folge hatten und mein Leben in eine nicht enden wollende Kette von immer schwieriger werdenden Unschuldsbeweisen verwandelten, entschloss ich mich Ende 2005 nach unserer theologischen Scheidung, das gemeinsame Haus endgültig zu verlassen. Insbesondere ihre Kreativität, sich selbst zu verletzen und die daraus entstandenen Resultate mir zuzuschreiben, half mir bei der Entscheidung einer „doppelten Haushaltsführung".

Durch einen Zufall erfuhr ich von der Fälschung meiner Unterschrift zur Erlangung der Reisepässe für die Kinder und alarmierte sofort die zuständige Kriminalpolizei. Irma schwor den Beamten, dass ich die Anträge sowohl selbst unterschrieben, als auch die Pässe in meinem Besitz hätte. Erst nach einer offiziellen Bestätigung der Stadtverwaltung, dass unzweideutig sie es war, die die Pässe beantragt und abgeholt hatte, wurde sie vorläufig festgenommen. Nachdem die Pässe von der Kripo bundesweit in einem elektronischen Sicherheitssystem als ungültig gekennzeichnet worden waren, wurde sie wieder auf freien Fuß gesetzt. Die Pässe allerdings blieben verschwunden.

Als ich endlich das langersehnte vorläufige Aufenthaltsbestimmungsrecht für meine Kinder erhielt, geriet die von dieser Tatsache völlig überraschte Irma in Zugzwang und machte den ersten überstürzten Entführungsversuch, den sie nach einem

Tag abbrechen musste. Wie die Jungen berichteten, waren sie mit ihrer überaus nervösen Mutter bereits auf dem Weg nach Frankreich, als Irma vermutlich der Mut verließ und sie mit einer fadenscheinigen Begründung umkehrte.

Dieses Scheitern stimmte Irma nicht sanfter. Im Jahr 2006 überhäufte sie mich mit straf- und zivilrechtlichen Verfahren, die sehr viel Kraft, Geld und Zeit kosteten. In diesem Zusammenhang hatte sie keinerlei Hemmungen, falsche eidesstattliche Versicherungen jeglicher Genese abzugeben und sich dabei ungeniert aus dem Topf der deutschen Prozesskostenhilfe zu bedienen. Durch ihre falschen Strafanzeigen beförderte sie mich zweimal auf die Anklagebank, konnte also die Staatsanwaltschaft im ersten Anlauf von den Verleumdungen mir gegenüber überzeugen, bis wir uns vor Gericht wieder getroffen haben.

Als mir 2007 das endgültige Aufenthaltsbestimmungsrecht für meine Söhne zugesprochen wurde, ging der Kampf zwischen Irma und mir in die entscheidende Phase, die das Leben aller Beteiligten, aber besonders das von Danial und Adil für immer verändern sollte.

Kapitel 1 Prolog

Kapitel 2

Erster Entführungsversuch Ende 2005

Eine Geschichte wie diese gibt es nur im Film. Oder in umstrittenen Büchern wie „Nicht ohne meine Tochter". Niemals in meinen wildesten Träumen hätte ich gedacht, jemals in einen Strudel von familiären Ereignissen zu geraten, deren Verlauf weder vorhersehbar, noch einschätzbar war.

Auf den ersten Blick waren wir eine völlig normale Familie: Papa, Mama, zwei Söhne, die in einem unauffälligen sozialen Umfeld lebten. Die Katastrophe begann sich erst anzudeuten, als meine Ehe zerbrach und ich langsam, aber wirklich sehr langsam begriff, dass ich meine Ex-Frau und auch ihre Familie durch den Ausspruch der Scheidung im Innersten getroffen und damit eine Lawine losgetreten hatte, deren Kraft und Gewalt ich damals nicht im Geringsten einzuschätzen vermochte.

Kapitel 2 Erster Entführungsversuch Ende 2005

Aber selbst wenn mir die Auswirkungen vorher klar gewesen wären, hätte sich an meinem Entschluss nicht das Geringste geändert. Ich konnte keinen Moment mehr mit ihr zusammen leben. Das stand auf jeden Fall fest. Kurz vor der Trennung wurde ich sehr krank, eine Folge davon, dass ich alles in mich hineingefressen hatte und nun mein Magen-Darm-Trakt nicht mehr mitspielte. Ich konnte nichts mehr essen und fand mich nach kurzer Zeit bei einem beängstigenden Gewicht von 55kg wieder.

Alles begann wie ein hinlänglich bei Scheidungen bekannter Rosenkrieg, der in seinem Verlauf immer mehr an Brisanz gewann und sich zunehmend auf drei Punkte konzentrierte: Irma möchte mich im Gefängnis sehen, Irma will mich finanziell ruinieren, aber insbesondere arbeitete sie daran, dass ich die Kinder nie wieder zu Gesicht bekomme. Es war eine Hassliebe, mit der sie mir entgegnete. Dies wurde mir umso klarer, als ich ihre Reaktionen zu spüren bekam, nachdem sie von meiner neu entstehenden Beziehung zu Nadia erfuhr. Aussagen wie „Du gehörst mir", „keine andere Frau ausser mir darf dich besitzen" und „Wenn du sie heiratest, bringe ich sie um, danach dich und zuletzt mich" schockten mich zutiefst, denn mit solchen Drohungen übertraf sie das, was ich von ihr bereits aus dem Eheleben kannte. Sie betrachtete mich als ihr Eigentum. Das war einfach absurd.

Da Irma schnell vorher völlig unbekannte Züge an Skrupellosigkeit und Brutalität an den Tag legte, die nicht nur mir, sondern auch unseren Kindern Angst machten, entschied ich mich, den normalerweise nicht gerade aussichtsreich erscheinenden Kampf ums Sorgerecht aufzunehmen. Mit dem Sturm, der in Form einer Flut von Verleumdungen, Anzeigen und Bedrohungen über mich hereinbrach, hatte ich allerdings in dieser Form nicht gerechnet. Also ich kämpfte: vor Gericht, gegen meine Ex-Frau, gegen ihre Familie, gegen Mitglieder meiner eigenen Familie, die die Scheidung ebenfalls als Schande betrachteten und verhindern wollten, und um meine Existenz, die durch die zeit- und geldaufwendige Abwehr der gegen mich inszenierten Hetzjagd nicht nur ein einziges Mal auf dem Spiel stand.

Während dieser schwierigen Zeit kam Nadia in mein Leben. Sie war ebenfalls geschieden und Mutter von zwei wunderschönen Töchtern. Ich fragte meine Söhne, was sie über eine Patchwork-Familie mit Nadia und ihren Töchtern denken. Zu meiner Freude waren sie von dieser Idee begeistert. Nadia's Töchter waren gerade mal zwei und vier Jahre jung, was dazu beitrug, dass sie sich völlig problemlos in die neue Familie integrierten.

So war es ein besonders schöner Tag für die Jungen und mich, als wir den ersten Achtungserfolg errangen: Mit Datum vom 16.12.2005 hatte das Amtsgericht Weilburg, allen Unkenrufen zum Trotz, mir das vorläufige Aufenthaltsbestimmungsrecht für meine beiden Söhne übertragen. „Wir wollen unbedingt bei Papa bleiben", antworteten der damals 7-jährige Adil und sein 3 Jahre älterer Bruder Danial dem Richter ohne Zögern in der Sorgerechtsverhandlung. Die Ernsthaftigkeit und Kompromiss-

Kapitel 2 Erster Entführungsversuch Ende 2005

losigkeit dieser Aussage, die der Richter auch durch geschickt gestellte Fangfragen nicht zu erschüttern vermochte, um zu eruieren, ob ihnen diese Antwort vielleicht gewaltsam eingeimpft wurde, hatte sicher zu diesem kleinen Wunder, das man ja in der Justiz häufig vergeblich sucht, beigetragen. Ich erhielt diese wunderbare Nachricht per Post am 19.12.2005 und war außer mir vor Freude. Mein Traum ging in Erfüllung, denn gerade für deutsche Verhältnisse war es eine überaus große Errungenschaft.

Doch es gab sicherlich noch weitere Gründe, warum sich der Richter so entschied. Ich erinnerte mich an den Tag, den wir alle, aber insbesondere meine beiden Kinder nie vergessen werden. Als Nadia meine Söhne und mich bei uns zu Hause besuchte, während ich mich in Trennung noch unter einem Dach mit Irma befand, stand Irma plötzlich unerwartet im Haus. „Sie wollte doch zum Arzt gehen", dachte ich mir. Doch sie schien es nur vorgetäuscht zu haben. Wahrscheinlich hatte sie von unserem Treffen etwas mitbekommen und wollte diese Begegnung provozieren. „Was macht diese Schlampe hier?", schrie sie wütend, ohne über Nadia's Besuch sonderlich überrascht zu sein. Nun war ich mir sicher, dass sie schon vorher davon gewusst hatte. Sie eilte daraufhin in die Küche und kehrte mit einem großen Fleischermesser wieder zurück. „Habe ich dir nicht gesagt, dass ich euch und dann mich umbringe, wenn du sie heiratest?", schrie sie uns an. Ich bat sie um Vernunft, insbesondere, weil die Kinder daneben standen. „Gehe du am besten jetzt, bevor wir hier ein Blutbad haben" sagte ich zu Nadia und schaute sie liebevoll an. Doch Irma ließ das nicht mehr zu und verstellte

Nadia den Weg zur Haustür. Zunächst hatte ich Irma's Auftritt für das übliche Theater gehalten, mit dem sie uns Angst einjagen wollte, doch allmählich wurde mir klar, dass sie es ernst meinte. Ich warnte sie, und als ich sah, dass sie meine Warnung nicht beachtete, griff ich ganz schnell nach einem Gegenstand, der unmittelbar vor mir war und konnte sie damit erfolgreich entwaffnen. Sabrina nutzte mit meiner Hilfe die Gelegenheit, das Haus zu verlassen, während Irma sich sofort das Messer zurückholte, um sich die Pulsadern aufzuschneiden. Offen gestanden wusste ich in diesem Moment nicht, ob ich lachen oder weinen sollte. Denn sie schien verstanden zu haben, dass ich mich von ihr ganz sicher nicht umbringen lasse. Aber unseren Kindern würde sich dieses schreckliche Bild unauslöschlich in ihre Seelen gebrannt haben, was immer auch geschehen würde. Nach genauem Hinschauen stellte ich allerdings fest, dass sie nicht vertikal, sondern horizontal geschnitten hatte. Irma hatte also überlebt und konnte diese ihre Tat vor Gericht beim besten Willen nicht leugnen.

Zu dieser Zeit wohnte ich in einem mikroskopisch kleinen Apartment im Taunusstädtchen Eppstein. Ja, das war schon ein großer Unterschied zu meinem Leben zuvor in dem gemeinsamen großen, gut eingerichteten Haus, das wir alle gemeinsam bewohnten. Aber es war schon erstaunlich, wie sich mein gemütliches Heim in rasender Geschwindigkeit durch die Hassattacken meiner Ex-Frau in eine brodelnde Hölle verwandelte. Schließlich hatte ich im November 2005, nachdem sie ihren Selbstmordversuch unternahm, das Feld geräumt. „Geh' nur, aber die Kinder siehst Du nie wieder", schrie sie mich an je-

Kapitel 2 Erster Entführungsversuch Ende 2005

nem Tag hasserfüllt an. Und es blieb mir in der Tat nichts anderes übrig, als meine Söhne, die sich an mir festklammerten wie Ertrinkende, schweren Herzens bei ihrer zunehmend wie eine Wahnsinnige handelnden Mutter zurückzulassen. Aber ich versprach ihnen und mir, die gerichtliche Entscheidung mit allen mir zur Verfügung stehenden Mitteln zu forcieren und sie so schnell wie möglich zu mir zu holen. Wie lange dieses „schnell" dauern würde, wagte ich mir gar nicht auszumalen.

Umso glücklicher war ich nun, als ich das Schreiben des Gerichtes endlich in Händen hielt. Es war ein kalter, aber sonniger Tag, der vorletzte Schultag vor den Weihnachtsferien. Sofort stieg ich in mein Auto, um meine Jungs von der Schule abzuholen und ihnen von der frohen Botschaft zu berichten. Endlich hatte dieses nervenzerfetzende Theater ein Ende. Pünktlich und freudestrahlend stand ich vor Adil's Schule. Warum muss er ausgerechnet heute mal wieder so trödeln, dachte ich leicht verstimmt, aber ich beschloss, mir meine gute Laune nicht verderben zu lassen. Ungeduldig wartete ich. Adil's Klassenkameraden waren schon längst einer nach dem anderen an mir vorbeigehuscht. Ich fragte: „Wo bleibt denn Adil?", aber ich erhielt keine Antwort. Wahrscheinlich hatten ihnen ihre Eltern verboten, mit fremden Männern zu sprechen, die unruhig vor der Schule herumstanden. Verständlich. Ich bemühte mich redlich, die allmählich in mir aufkeimende Unruhe niederzukämpfen. Was soll schon passiert sein? „Jetzt werde bloß nicht hysterisch", befahl ich mir selbst. Aber ich hörte nicht auf mich und stürzte in die Schule, um Adil zu suchen. Das Klassenzimmer war leer, ebenso wie die Gänge. „Hallo, was machen Sie denn hier?" hörte ich eine freundliche Stimme. Ich drehte mich um und sah seine Klassenlehrerin, die angesichts meines erschrockenen Gesichts bestürzt sagte: „Adil ist nicht mehr da. Wissen Sie denn nicht, dass er einen dringenden Arzttermin hat? Seine Mama hat ihn schon nach der zweiten Stunde abgeholt." Es stimmte etwas nicht, soviel stand fest. Als die Lehrerin mir noch erzählte, dass meine Ex-Frau ihr überaus hektisch und nervös vorkam, war ich mir ganz sicher, dass etwas vorging, was nichts Gutes bedeutete.

Ich raste zu Danial's Schule, in der Hoffnung von ihm etwas zu erfahren. Er war nicht da! Auch er war mit einer fadenscheinigen Begründung von seiner Mutter aus der Schule geholt worden. Ich war wie gelähmt. „Das ist doch unmöglich! Das würde sie nicht wagen!" Noch verbot ich mir weiterführende Gedanken und eilte zu unserem Haus nach Bad Camberg in der trügerischen Hoffnung, dass alles eine harmlose Erklärung hatte. Aber weit gefehlt. Tatsache war: Irma war mit meinen Kindern wie vom Erdboden verschluckt. Und dafür gab es nur eine Erklärung: Entführung! Wie ein Blitz traf mich diese Erkenntnis. Während ich versuchte, meine Gedanken zu ordnen, fiel mir ein, dass die Reisepässe der Kinder abgelaufen waren. Also was hatte Irma vor? Die Wahrscheinlichkeit, dass sie mit den Jungen in Deutschland bleiben wollte, ging ja wohl gegen Null! Oder war sie von der Entscheidung des Gerichts derartig geschockt, dass sie am Ende völlig kopflos reagierte und nicht mehr wusste, was sie tat, um mir die Kinder nicht geben zu müssen? Panik beschlich mich.

© 2012, Rukhsar-Verlag

Kapitel 2 Erster Entführungsversuch Ende 2005

Doch ohne Pässe keine Ausreise, soviel stand fest. Aber warum beruhigte mich dieser Gedanke nicht? Ich überlegte fieberhaft. Wie ich es auch drehte und wendete, es fiel mir nur eine Lösung ein: Irma musste den Kindern ohne mein Wissen neue Pässe besorgt haben. Das erschien mir absolut unmöglich, denn dazu brauchte sie schließlich meine Unterschrift. Ich musste Gewissheit haben. Also setzte ich meine Odyssee fort und raste ins zuständige Bürgerbüro. „Ich muss ganz dringend wissen, ob für meine Kinder neue Pässe beantragt worden sind!" sprach ich zur Dame hinter dem Counter. „Moment mal, wer sind Sie denn überhaupt? Wir geben hier grundsätzlich keine Auskünfte. Datenschutz, Sie verstehen", sagte sie ungerührt, obwohl sie mich bereits kannte. „Hören Sie, meine Kinder werden vielleicht gerade entführt. Wollen Sie daran Schuld sein?". Das Entsetzen in meinem Gesicht war nicht zu verbergen. Neugierig blickte sie zu mir auf. „Entführt? Sind Sie sicher? Von wem denn? Erzählen Sie!" „Ich kann Ihnen jetzt nicht meine Lebensgeschichte erzählen! Es geht um jede Minute! Ich bitte Sie!". Gemächlich erhob sich die Dame von ihrem Stuhl. „Name? Geburtsdatum? Adresse?" fragte sie. Nach endlosen Minuten wiegte sie bedächtig den Kopf hin und her. „Ihre Frau hat die Pässe im September beantragt und persönlich abgeholt. Sie müssen übrigens ein kurzes Gedächtnis haben, junger Mann" und hielt mir das Antragsformular unter die Nase, auf dem meine Unterschrift zu sehen war. „Warum machen Sie denn hier so eine Welle? Sprechen Sie doch einfach mit Ihrer Frau und halten Sie mich nicht unnötig auf!" Ich konnte nicht glauben, was ich da sah, aber es gab keinen Zweifel: Irma hatte meine Unterschrift gefälscht. Und noch etwas wurde mir in diesem Moment klar: Irma hatte von langer

Hand das Unglaubliche geplant und an diesem Tag vollzogen: Die Entführung unserer Kinder!

Obwohl ich mich ziemlich ohnmächtig fühlte, musste ich mich zusammenreißen. Was war zu tun? Jede Minute zählte. Als aller erstes rief ich meinen Anwalt an. „Das kann nicht dein Ernst sein!" rief er entsetzt aus. Wie immer ließ er alles stehen, um sich meiner Sache umfassend mit all seiner Erfahrung in diesen Fällen anzunehmen – so, wie er es schon so oft in seiner väterlichen, aber überaus kompetenten Weise getan hatte, wenn es bei mir an allen Ecken brannte, und nicht nur deshalb meiner ewigen Dankbarkeit und tiefen Verbundenheit gewiss sein kann. „Wir müssen die Polizei informieren!" Und das tat er auch. Mit unglaublicher Schnelligkeit und Präzision erstattete er Strafanzeige wegen Kindesentziehung bei der zuständigen Polizeibehörde, verbunden mit dem sehr nachdrücklich formulierten Antrag, möglichst sofort flächendeckend eine Fahndung nach Irma und den Kindern auszulösen. „Sie wird vermutlich per Flugzeug das Land verlassen wollen. Aber das werden wir ihr versalzen." sagte er. Sofort informierte er die Bundespolizei an den nächstgelegenen Flughäfen, bei denen er die Vorrangfahndung nach Irma beantragte, natürlich nicht, ohne erneut die Dringlichkeit mit deutlichen Worten zu betonen. Da Irma meine Unterschrift gefälscht, sich also der Urkundenfälschung schuldig gemacht hatte, involvierte er auch noch die Kriminalpolizei, die sich umgehend bei mir über die Tatumstände kundig machte.

Kapitel 2 Erster Entführungsversuch Ende 2005

Am 19.12.2005 hatte ich also ein Urteil des Weilburger Amtsgerichts in der Hand, das mir das Aufenthaltsbestimmungsrecht meiner beiden Söhne zusprach. Auch zwei weitere Zettel hatte ich in der Hand; zum einen die Strafanzeige bei der Polizei sowie den Antrag für die Vorrangfahndung bei der Bundespolizei am Frankfurter Flughafen. Toll! Das war's aber auch! Die Kinder bekam ich zumindest an diesem Tag nicht mehr zu sehen.

Erschöpft setzte ich mich in mein Auto, um nach Hause zu fahren. Es war alles getan, was getan werden konnte, nur wusste ich noch immer nicht, wo meine Kinder waren und wann ich sie wiedersehen würde. Den Gedanken an ein „ob überhaupt„ wollte ich einfach nicht zu Ende denken. „Wir wollen bei Papa bleiben" hatten sie so bestimmt dem Richter gesagt. Und ich hatte ihnen ein Versprechen gegeben, ein Versprechen, das ich vielleicht nicht halten könnte.

In dieser verzweifelten Lage wanderten meine Gedanken zurück zu den Geschehnissen der vergangen Wochen und Monate. Die Scheidung, was für ein Alptraum! Irmas's in Deutschland lebende Familie drohte mir telefonisch mit schöner Regelmäßigkeit Prügel oder gar den Tod an. Und Angehörige meiner eigenen Familie standen ihnen bei der Wahl der Mittel in absolut nichts nach, um mich von meinem Entschluss, mich scheiden zu lassen, abzubringen. Ich nahm die Drohungen durchaus ernst, ließ mich aber, zum größten Ärger der Gegenseite, schlussendlich nicht beeindrucken. Ein in der Nähe von Frankfurt lebender Cousin von Irma rief mich wenige Tage vorher an und sagte mit tiefer Stimme: „In Pakistan sterben täglich Leute. Willst du Dich wirklich von Irma scheiden lassen?". „Was für ein widerlicher Feigling", dachte ich mir. Der versteckt sich immer hinter dem Telefon. „Auch in Deutschland sterben täglich Menschen" antwortete ich ihm und forderte ihn so heraus. Zu meiner Überraschung schien er dieses Mal jedoch die Herausforderung angenommen zu haben. „Sollte er seine Worte nun wahr machen, könnte es bald zu einer außerordentlichen Auseinandersetzung kommen", überlegte ich. Jedoch war mir das nach den monatelangen Drohungen lieber. Nun wusste ich auch, dass er ganz bestimmt nicht alleine kommen würde, da er, so wie ich ihn kannte, diesen Mut ganz sicher nicht gehabt hätte.

So überraschte es mich nicht besonders, als für mich der Tag mit einer Verfolgungsjagd endete. Er kam mir mit dem Auto entgegen und als er mich erkannte, wendete er augenblicklich, um Jagd auf mich zu machen. Und wie schon gedacht, war er nicht alleine, hatte Verstärkung mitgebracht. Meinen Plan, mich in meiner Wohnung ein wenig von den Aufregungen zu erholen, konnte ich vergessen und so fuhr ich erst mäanderartige Umwege, in der Hoffnung, dass er vielleicht die Lust an der Verfolgung verlieren würde. Wie immer, versuchte ich zunächst, jedem Streit aus dem Weg zu gehen und besonders an diesem Tag hatte ich keinerlei Lust, mich auf irgendwelche Auseinandersetzungen einzulassen. Meine Hoffnung, ihn durch meinen Gegendruck am Telefon abzuschrecken, erwies sich als völlig falsch, denn ich hatte seinen Biss unterschätzt. Allerdings war mir auch durchaus bewusst, dass er ein Feigling besonde-

Kapitel 2 Erster Entführungsversuch Ende 2005

rer Art war, der immer aus dem Hinterhalt angriff und den Kampf „Mann gegen Mann" scheute. Doch gleichzeitig fielen mir die vielen Geschichten ein, in denen er durch seine bösartige Skrupellosigkeit und Hinterlist immer wieder Menschen empfindlichen Schaden zugefügt hatte und sie durch schamlose Lügen und eigene und fremde Falschaussagen am Ende noch als Täter dastehen ließ. Angesichts dieser Tatsachen ist es umso verwunderlicher, dass er für die deutsche Justiz noch immer ein unbeschriebenes Blatt mit blütenreinem Führungszeugnis war!

Meine fieberhaften Überlegungen, wie ich ihn, ohne Schaden zu nehmen, am besten los werden könnte, endeten angesichts seiner Dreistigkeit und der immer halsbrecherischeren Manöver, die ich fahren musste, in der klaren, wenn auch nicht angenehmen Erkenntnis: Ich muss ihm nun doch zeigen, wo es entlang geht. Mein Adrenalinspiegel befand sich bereits in schwindelnden Höhen und ließ mich schnell alle Anstrengungen des bisherigen Tages vergessen. Also fuhr ich als nächstes in einen dunklen Waldweg hinein. Ich kannte diesen Weg sehr gut, da ich dort immer zum Joggen ging. Schon bemerkte ich, wie sein Abstand zu meinem Auto immer größer wurde. Ich fuhr immer weiter in den Wald hinein, meinem Auto mit Allradantrieb machte der Matsch nichts aus, bis ich feststellte, das er stehengeblieben war. Ich dachte mir, entweder ist er stehengeblieben, weil sein Auto festhängt, oder er traut sich nicht mehr weiter. Es war eine sehr dunkle Nacht und ohne das Abblendlicht des Autos hätte man kaum seine Hände vor den Augen gesehen. Darüber hinaus war es im Wald auch noch recht neblig.

Ich blieb ebenfalls stehen und beobachtete ihn erst ein wenig durch den Rückspiegel. Dann ließ ich mein Fenster herunter, um nach verdächtigen Geräuschen zu horchen. Wie in einem Hollywood-Film sah ich auf einmal neben dem vielen Holz, das zu meiner linken Seite lag, ein Brecheisen. „Welch günstige Gelegenheit, ihm den Schreck seines Lebens einzujagen", dachte ich mir. Das wird seine letzte Verfolgungsjagd gewesen sein. Damit meinte ich nicht, dass ich ihn umbringen wollte, sondern ich wollte nur so tun, damit er mich zukünftig in Ruhe lässt. Und in der Tat stieg ich aus dem Auto aus, griff nach dem Brecheisen und lief frontal in seine Richtung. Der Matsch war dort so hoch, dass ich mit Gewissheit sagen konnte, er sei stecken geblieben. Und genau das bekam ich kurz darauf zu hören. Als ich mich seinem Auto näherte, hörte ich, wie er auf einmal versuchte, mit Vollgas sein Auto aus dem Dreck herauszubringen, allerdings im Rückwärtsgang. Doch er hing fest. Ich sah, wie er mit einem Gefährten im Auto saß und mit jedem Schritt, mit dem ich mich seinem Auto näherte, zunehmend in Panik geriet. Als ich nun neben seiner Tür stand, mit dem Brecheisen sozusagen in „Angriffsposition", sagte ich „Steig' aus, Du lächerlicher Feigling! Komm' schon! Benimm' Dich endlich einmal wie ein Mann! Oder verkriechst Du Dich mal wieder hinter irgendeinem Rockzipfel?" Aber da Stolz offenbar nicht zu seinen hervorragendsten Eigenschaften zählt, blieb er hämisch grinsend in seinem Wagen sitzen, öffnete das Fenster einen winzigen Spalt und sagte: „Fang' schon mal an, zu überlegen, wie Du Deine Kinder wiederbekommst! Oder vergiss' sie am besten gleich für immer."

© 2012, Rukhsar-Verlag

Kapitel 2 Erster Entführungsversuch Ende 2005

Ich erstarrte. Was hatte er gesagt? Der redet von meinen Kindern? Das bedeutete doch, dass er seine Finger mit im Spiel hatte, wenn nicht, sogar bei dieser Entführung Mittäter war! Ich war geschockt, und noch ehe ich auf seine Aussage reagieren konnte, schaffte er mit einem erneuten Versuch, sein Auto aus dem Matsch zu befreien und fuhr mit hoher Geschwindigkeit den Waldweg im Rückwärtsgang wieder zurück. „Den greife ich mir" schwor ich mir und eilte zu meinem Auto. Jetzt war der Spieß umgedreht. Ich nahm nun die Jagd auf ihn auf. Zwar war es mir gelungen, ihn in Panik zu versetzen. Aber mit seiner Aussage hatte er auch mich in den absoluten Ausnahmezustand versetzt. Jetzt musste ich mich wirklich zügeln, denn er hatte mich an meinem wundesten Punkt gepackt: meine Kinder. Immer mehr verlor ich meinen Verstand und fuhr wie ein Irrer hinter ihm her. Es dauerte nicht lange, bis ich ihm auf den Fersen war, immernoch auf dem Waldweg. Er wusste nun, dass er wirklich fliehen muss, denn ich konnte mich vor Zorn kaum noch kontrollieren. Stossstange an Stossstange rasten wir mit hoher Geschwindigkeit aus dem Waldweg heraus und gerieten, wie es der Zufall wollte, nach der nächsten Kurve in eine Polizeikontrolle. „Perfekt", dachte ich mir. Mir war natürlich auch klar, dass er wieder das Spielchen „Mach' das Opfer zum Täter" spielen wird. Diesmal sollte es ihm allerdings nicht gelingen. Wie gut, dass mir das Brecheisen aus der Hand fiel, während ich zu meinem Auto eilte.

Die Polizei verhörte uns gleichzeitig in getrennten Autos. So konnte ich nicht nur über die Verfolgungsjagd berichten, sondern, was mir viel wichtiger war, über seine Bemerkung zum

Thema Entführung. Später erfuhr ich, wie der Polizist meinen wild orientalisch gestikulierenden und schimpfenden Verfolger in klaren Worten über die rechtlichen Konsequenzen der Mitwisserschaft oder gar Mittäterschaft bei einer Kindesentziehung belehrt hatte, die nicht nur in Deutschland kein Kavaliersdelikt darstelle. Dies schien Eindruck zu machen, denn er wechselte stehenden Fußes die Seiten, und versprach, mit Irma Kontakt aufzunehmen und alles dafür zu tun, sie von ihrem verwerflichen Vorhaben, mit dem er natürlich ansonsten nicht das Geringste zu tun habe, abzubringen.

Er schien sein Versprechen gegenüber der Polizei wahr gemacht zu haben, denn wie durch ein Wunder war Irma mit den Kindern am darauffolgenden Tag, als die Polizei mit einem Hausdurchsuchungsbefehl vor dem ehemals ehelichen Haus stand, wieder aufgetaucht und zeigte sich verblüfft über den Wirbel, der wegen eines kleinen Familienausfluges am Vortag aus ihr unerfindlichen Gründen entstanden war.

Auch auf die eindringlichen Fragen nach der gefälschten Unterschrift auf den Passformularen reagierte sie verblüfft: „Aber ich fälsche doch keine Unterschriften", erklärte sie zuckersüß. „Mein Mann hat die Pässe beantragt und auch abgeholt. Er will mir nur wie immer etwas anhängen. Sie können sich gar nicht vorstellen, wie ich und die Kinder unter seinen Bösartigkeiten zu leiden haben!" Das war ein guter Versuch, aber nach der schriftlichen Bestätigung durch das ohnehin durch den Vorfall aufgescheuchte Bürgerbüro, dass Irma, und zwar nur Irma, die Pässe beantragt und persönlich abgeholt hatte, wurde sie von

Kapitel 2 Erster Entführungsversuch Ende 2005

der Kripo vorläufig festgenommen und bedauerlicherweise am gleichen Tag wieder auf freien Fuß gesetzt. Die Pässe hingegen blieben weiterhin verschwunden.

Dass Irma die Pässe verschwinden ließ, war für mich eine erwiesene Tatsache, die ich aber leider nicht beweisen konnte. Natürlich war die Staatsanwaltschaft deshalb weit davon entfernt, die Erhebung einer Anklage auch nur in Erwägung zu ziehen. Mir war klar, dass nun die Zeitbombe begonnen hatte, unermüdlich zu ticken. Denn es war nur eine Frage der Zeit, wann sie ihr Vorhaben in die Tat umsetzen würde.

Irma's Cousin muss wohl an dem Tag zuvor an seine Grenzen gestoßen sein, ob vom Schock mit dem Brecheisen oder durch die Tatsache, dass er sich fast wegen einer Mittäterschaft bei einer Kindesentziehung strafbar gemacht hatte, er ließ seit jenem Tag zumindest nie wieder von sich hören oder gar sehen.

Kapitel 3

Zwischenspiel vor der Entführung

Wir schrieben nun die Zeit zwischen Anfang 2006 und Mitte 2007. Im Februar 2006 heiratete ich Nadia und so zog sie zu uns. Das gefiel Irma ganz und garnicht, denn schließlich war sie diejenige, mit der ich in diesem Haus während unserer Ehezeit lebte und sie darüberhinaus alles Menschenmögliche getan hatte, den Gerichtsprozess zu ihren Gunsten ausfallen zu lassen. Doch das Gericht hatte entschieden, dass sie ausziehen musste, während ich mit den Kindern dort wohnen bleiben durfte. Dies war Bestandteil des Bescheids, den ich am 16.12.2005 vom Amtsgericht Weilburg erhielt.

In dieser Phase meines Lebens befand ich mich mehr vor Gericht, als irgendwo anders, was insbesondere erste Auswirkungen auf meine berufliche und somit finanzielle Situation zu zei-

Kapitel 3 Zwischenspiel vor der Entführung

tigen begann, was ja unter anderem auch Irma's Ziel war. Mit anderen Worten: ich war in ein nicht enden wollendes Sperrfeuer von Gerichtsverfahren mit mir als Angeklagtem geraten. Irma und ihre Mitstreiter schienen ins Guiness-Buch der Rekorde kommen zu wollen für die Erfindung immer neuer anklagenswerter Greueltaten in kürzester Zeit. Hut ab vor so viel Phantasie und Dreistigkeit.

Neben zahllosen Anzeigen und strafrechtlichen Klageerhebungen wegen körperlicher Übergriffe war Irma unermüdlich emsig dabei, übrigens ausgezeichnet unterstützt von den Mitgliedern meiner Familie, die ihr bei der Hexenjagd auf mich mit Rat und Tat zur Seite standen, mich auch durch breitgefächerte zivilrechtliche Attacken so schnell wie möglich in den sicheren wirtschaftlichen Ruin zu treiben. Hier konnte man wirklich großes Theater bewundern: Ein farbenfroher Strauß von Falschaussagen wie beispielsweise „ich sei ein Fundamentalist" oder „ich sei ein Islamist, der seine Kinder zum Extremismus erziehen wolle", besonders einfallsreich, was das Aufenthaltsbestimmungs- und Sorgerecht für unsere Söhne betraf, sowie irrwitzigste Unterhaltsforderungen, gefolgt von Gerichts- und Anwaltskosten in schwindelerregender Höhe erzeugten bei mir, das muss ich zugeben, in zunehmendem Maße weniger Gelächter als blankliegende Nerven.

Es fiel mir in dieser Zeit nicht gerade leicht, tagsüber wissbegierige Seminarteilnehmer als selbständiger Referent in die tiefen Geheimnisse der IT einzuweihen, denn an meinem Leben war nichts mehr auch nur annähernd normal. Nicht nur gute

Freunde, Bekannte und Geschäftspartner, denen ich meine Situation unverblümt schilderte, sondern auch ich selbst waren mehr als überrascht, dass ich überhaupt in der Lage war, irgendeiner beruflichen Verpflichtung nachzukommen. Paradox war sogar, dass ich gerade zu dieser Zeit meine größten strategischen Erfolge im Geschäftsleben erzielte. Wie durch ein Wunder durfte ich im Rahmen neuer Ausschreibungen, an denen wir teilgenommen und wider Erwarten gewonnen hatten, die Deutsche Bundeswehr sowie die Polizei NRW ausbilden. Die Seminare waren derart von Erfolg gekrönt, dass ich innerhalb kürzester Zeit sogar zu einem der besten Referenten aufstieg. Hatte ich doch noch ein paar Monate vorher als Angezeigter ständig die Polizei bei mir zu Hause, stand ich nun als Referent vor ihnen und durfte sie unterrichten. Was für eine Ehre! Wie dem auch sei: geschäftlich konnte ich wirklich nicht klagen.

Insbesondere wegen diesem neuen Klientel war es umso wichtiger, dass zumindest die Strafverfahren, die Irma gegen mich eingeleitet hatte, zu meinen Gunsten ausfallen. Ich hatte das Glück, dass meine Söhne immer dabei waren, als Irma die Polizei zu uns nach Hause rief. Sie mussten also jedes Mal vor den Beamten bezeugen, dass ihre Mutter lügt, denn sie wurden ebenfalls befragt. Es grenzte an ein Wunder, dass ich noch nicht in Handschellen aus meinem eigenen Haus abgeführt worden war. Einer von den insgesamt fünf Polizeibesuchen im Jahr 2005 ist mir in besonderer Erinnerung geblieben, denn bei einer der Beamtinnen handelte es sich offenkundig um eine fanatische Männerhasserin, die sich meine Version der Geschich-

Kapitel 3 Zwischenspiel vor der Entführung

te vorsichtshalber gar nicht anhören wollte. „Das können Sie dann dem Richter erzählen! Ich will es erst garnicht hören. Sie kommen jetzt schön mit!", sagte sie. Doch ein anderer Polizist hatte zwischenzeitlich die Kinder in einem Nebenraum alleine befragt, woraufhin er seine Kollegin vorsichtig um Rückzug bat. Das war aber absolut nicht das, was die Dame hören wollte und so wurde sie hysterisch: „Den nehme ich mit! Ich sehe das in seinen Augen, dass er gewalttätig ist!", schrie sie. Nun nahm er seine Kollegin auf die Seite und flüsterte ihr einen Moment zu. Dann zogen sie unverrichteter Dinge wieder ab. „Der berühmte Hass auf den ersten Blick", dachte ich mir. „Da habe ich wirklich noch mal Glück gehabt".

Die UNGEWISSHEIT, genau das war das Schwierige, während ich unter diesen Umständen lebte. Der Gedanke „komme ich vielleicht doch ins Gefängnis, wenn sich der Strafrichter von ihr überzeugen lässt?" ließ mich einfach nicht los. Auch Überlegungen wie „bekomme ich vielleicht eine hohe Geldstrafe?" oder „verliere ich vielleicht mein Ansehen als gefragter Referent und Geschäftsführer?" brachten mich immer wieder zu schlaflosen Nächten. Doch hatte ich in der Zwischenzeit, war ich doch jahrelang Suchender für den Sinn im Leben, meinen Weg gefunden. Und genau daraus schöpfte ich meine Kräfte, solchen Schwierigkeiten zu entgegnen. Nun galt es: immer Hausaufgaben am besten zusammen mit dem Anwalt machen, geduldig sein und auf Gott vertrauen! Leicht gesagt, aber etwas anderes blieb mir ja auch garnicht übrig. Bittgebete wie das folgende wurden zu meiner Stärke: „Oh lieber Gott! Gib mir die Kraft zu verändern, was ich verändern kann und die Gelassenheit, Dinge hinzunehmen, die ich nicht ändern kann und die Weisheit, das Eine von dem Anderen zu unterscheiden".

Manchmal allerdings waren Irma's Aussagen derartig an den Haaren herbeigezogen, dass ich jedesmal neugierig auf denjenigen Richter war, der das Verfahren überhaupt zugelassen hatte. Aber damit nicht genug: Trotz augenfälliger Unglaubwürdigkeit der Aussagen erreichte Irma durch respektable Lucky Punches, dass ich mich dennoch zweimal auf der Anklagebank vor den Schranken eines deutschen Strafgerichts wiederfand, da irgendein hervorragend naiver Staatsanwalt Anklage gegen mich erhoben hatte. Es war garnicht einfach, mich im Gericht zu beherrschen. Die Flut der Verleumdungen und Falschaussagen, mit denen sie mich überhäufte, von denen die meisten weit unterhalb der Gürtellinie lagen, brachten oft mein Blut zum Kochen. „Das ist wirklich eine Geduldsprobe", sprach ich oft zu Gott. Doch meine Strategie war sehr einfach und sie hatte sich lückenlos bewährt: selbst immer die Wahrheit sprechen und gelassen zuhören, wie die Gegenseite sich in ihren eigenen Lügen verfängt. So ging es mir jedesmal „runter wie Öl", wenn sich die Widersprüche anfingen zu häufen und immer absurder wurden. Die Gesichtsausdrücke von Staatsanwälten und Richtern waren nahzu unbeschreiblich. Beim zweiten Strafverfahren musste ich fast keine Worte verlieren. Sie erledigte den Job für meinen Anwalt und mich schon selbst. Ich blieb einfach immer bei der Wahrheit. Auch Notlügen verbat ich mir. Und dauerte es mal zu lange, bis sie sich widersprach, hatte ich meinen Anwalt schon mit den richtigen Fangfragen geimpft, sodass er ihr effektiv unter die Arme griff, sich zu widersprechen. So konnte

Kapitel 3 Zwischenspiel vor der Entführung

ich mit Befriedigung feststellen, dass es funktionierte. Langsam fing es sogar an, in diesem eingespielten und schon mehrfach erprobtem Team mit meinem Anwalt, Spaß zu machen. Für die Gegenseite bedauerlich und meinen Glauben in das Gute stärkend, wurden alle Verfahren durch unzweideutige Unschuldsbeweise erstinstanzlich zu meinen Gunsten entschieden. Nicht nur mir, sondern auch meinem unermüdlichen Anwalt fielen viele Steine vom Herzen, denn eine Verurteilung in einem strafrechtlichen Verfahren hätte in einem weiteren leicht in einer präjudizierenden Gefängnisstrafe enden können.

In dieser tief schwarzen Phase meines Privatlebens gab es zwei Lichtblicke, die mich das Unerträgliche ertragen ließen: In erster Linie mein Glaube, den ich als Suchender im Laufe der Jahre gefunden hatte und meine Frau Nadia, die mit ihren beiden kleinen Töchtern aus erster Ehe aus meinen Söhnen und mir eine trotz allem fröhliche Patchwork-Familie machte.

Meine kleine Familie und ich wollten nur zu gerne glauben, dass unser Leben nun eine Wendung zum Guten nehmen würde. Irma, die sich zu dieser Zeit übrigens geradezu bedrohlich einsichtig und unauffällig zeigte, schien sich mit dem abschließenden Urteil über das Aufenthaltsbestimmungsrecht Mitte 2007, welches mir zugesprochen wurde, abzufinden, so dass ich mich sogar darauf einließ, ein regelmäßiges Besuchsrecht in Wort und Schrift zu vereinbaren. Es blieb mir aber auch nichts anderes übrig, denn ich konnte nie den ersten Entführungsbesuch beweisen. Ich wusste, der Richter würde sich nicht auf zu restriktives Besuchsrecht einlassen. In meinem unerschütterlichen Glauben an das Gute im Menschen schlug ich sogar warnende Rufe von Freunden in den Wind, die Irma kannten und sagten, „Rukhsar, du befindest dich gerade auf hoher See. Genieße noch ein paar Tage die Ruhe vor dem Orkan, der unmittelbar vor dir steht!"

Wir wollten einen neuen Anfang machen, innerlich und äußerlich. Deshalb war ich im Juli 2007 mit meiner neuen Familie in eine andere Stadt gezogen, um auch räumlich für den nötigen Abstand zu sorgen und uns ganz auf unser Glück konzentrieren zu können. Die Sommerferien hatten begonnen.

Kapitel 3 Zwischenspiel vor der Entführung

Kapitel 4

Vollzug der Entführung

„Papa, dürfen wir jetzt für immer hierbleiben?". Fröhlich hüpften meine Söhne um mich herum, als ich den hochoffiziellen Brief des Amtsgerichts in Empfang nahm. Endlich, am 4. Juli 2007 war der Tag, den meine Söhne und ich so herbeigesehnt hatten, an dem mir nach unvorstellbarem Hin und Her im Hauptsacheverfahren das endgültige Aufenthaltsbestimmungsrecht für Danial und Adil zugesprochen wurde.

Ihre Mutter hingegen teilte unsere Freude nicht. Für sie war das Urteil natürlich ein vernichtender Schlag, nachdem sie über Wochen und Monate keine Mühen und Kosten gescheut hatte, meine mangelhafte Erziehungsfähigkeit nicht nur den Gerichten, sondern auch meinem sozialen Umfeld in den schillerndsten Farben darzustellen. So schilderte sie in ausführlichen Schriftsätzen und auch vor eidesstattlichen Versicherungen keineswegs zurückschreckend meine verborgene Schläfer-

Kapitel 4 Vollzug der Entführung

Karriere als glühender Islamist, der ihre unschuldigen Kinder zu extremistischen Märtyrern erzieht. Obwohl sie die Rolle der sich vor Sorge verzehrenden Mutter beinahe perfekt spielte, zeigte sich der Richter glücklicherweise von ihren Auftritten und von ihren schriftlichen Ergüssen in gar keiner Weise beeindruckt. Das Umgangsrecht wurde ihr aber, wie zu erwarten, gewährt.

Ich fragte mich, „Wo kommt denn dieser gewaltige Hass her? Irgendetwas muss sie doch im Eheleben derart mitgenommen haben, dass sie so handelte. Wo sie doch bis zum Schluss behauptete, mich zu lieben und dann auch von der Ehe nicht loslassen wollte. Wie kam sie auf diese perfide Idee, mich als extremistischen Islamisten darzustellen und mir meine Erziehungsfähigkeit absprechen zu wollen? Dabei war sie es doch, die aus einem islamischen Staat kam". Nun, meinen Weg hatte ich zwar schon in der Religion gefunden, aber es war der Weg des Geistes, von dem ich mich überzeugen ließ. Ein spiritueller Weg, bei dem man versucht, geistig weiterzukommen und das blinde Befolgen von Dogmen unterlässt. „Was konnte sie denn daran gestört haben", grübelte ich. Eine der vielen Erkenntnisse, die ich aus meinem theologischen Selbststudium für mich gewonnen hatte, war, dass die gesamte Menschheit – unabhängig von Religion und Rasse, Volkszugehörigkeit, Kulturkreis und Schicht – als eine große Familie Gottes zu betrachten ist. Auch ließ ich mich davon überzeugen, dass jeder Einzelne auf familiärer Ebene sowie im Freundeskreis, im Berufsumfeld, aber auch auf lokaler und regionaler Ebene füreinander da sein muss. Wir sind alle aufeinander angewiesen, und je mehr wir uns auf unterer Ebene gegenseitig unterstützen und dienen, umso besser wird es uns gesamtgesellschaftlich gehen. „Der Mensch ist nun einmal ein Gesellschaftswesen", ließ ich mich überzeugen.

Eines war sicher: Irma hatte sich ihren Lebenspartner anders vorgestellt. Ich weiß, dass ich ihr zu ernst und nachdenklich war. Auf intellektuellem Level konnte ich mit ihr überhaupt nichts anfangen, denn sie verstand ohnehin nichts von dem, womit ich mich beschäftigte. Ich erinnere mich, dass sie sehr oft so handelte, als habe sie Minderwertigkeitskomplexe. Ich fragte mich, was denn die Erwartung einer pakistanisch kulturell geprägten Frau an ihrem Ehepartner sei. Dann erinnerte ich mich auch daran, welches Vorbild sie in ihren Eltern, insbesondere in ihrer Mutter, hatte. Denn dort ging es so zu, dass die Mutter immer bestimmte, wo es lang ging. Sie war diejenige aus reichem Elternhaus, die das Kapital mit in die Ehe brachte. Ihr Vater hatte nichts zu melden.

Was fiel mir da gerade ein? Ihr Vater hatte nichts zu melden? Moment,... Ich spulte meine Gedanken zurück und ließ den Film an einer anderen Stelle wieder abspielen: unsere Besuche in Pakistan oder die Besuche meiner Ex-Schwiegereltern in Deutschland. Ja, so war es tatsächlich. Dieser Mann hatte wirklich nichts zu melden und seine Frau war die Patriarchin im Haus. Und was hatte das mit meiner Ehe zu tun? Na klar doch, genau das versuchte sie doch zehn Jahre lang in unserem Eheleben mit mir, womit sie gescheitert war. Sie hatte blind genau das praktiziert, was sie von ihrer Mutter als Kind gelernt hatte,

Kapitel 4 Vollzug der Entführung

ohne sich auch nur ein bißchen weiterentwickelt zu haben. Anders als ihr Vater war ich aber nie auch nur auf einen einzigen Cent von meiner Frau angewiesen. Dass sie mich nicht um den Finger wickeln konnte, genau das muss sie so außerordentlich wütend gemacht haben. Sie war von der Kategorie Mensch, die sagen, „Wer nicht mit uns ist, ist gegen uns" und hatte mir daher diesen bitteren Krieg erklärt, nachdem ich die Scheidung aussprach. Auch beklagte sie sich ständig, dass ich mir nicht genügend Zeit für sie nehmen würde. Sie schien sich darüber hinaus an meinen täglichen theologischen Übungen wie Meditation und Gottesdienst zu stören. „Dafür hast du Zeit, aber für mich nicht!", höre ich ihre Stimme doch immernoch in meinen Ohren. „Während der Koran doch ganz strikt sagt, dass es keinen Zwang im Glauben gibt, kann ich doch meine Religion frei praktizieren, wenn ich niemanden dabei störe", dachte ich mir. Nicht einmal meine Geschäftspartner und Schulungsteilnehmer hatten sich jemals daran gestört, dass ich mich in den Pausen für ein paar Minuten in einen anderen Raum zurückzog. Ich hatte Irma ja nicht dazu gezwungen, mitzumachen, „aber mein Leben betimme ich nach wie vor selbst", vervollständigte ich meinen Gedankengang. Warum hatte ich denn immer mehr das Gefühl, dass während ich mich spirituell und geistig weiterentwickelte, sie ständig primitiver wurde? Später warf sie mir vor, ich hätte ihr zehn Jahre ihres Lebens genommen. Nun, das hätte ich eigentlich ja auch sagen können. Tat ich aber nicht, denn ich bin dankbar, jene Erfahrungen gemacht zu haben, die mich maßgeblich geprägt und aus mir das gemacht haben, was ich heute bin. Auch bei der Erziehung unserer Kinder hatten wir heftige Differenzen. Während ich versuchte, die Kinder auf ihrem Weg zum Erwachsenwerden mit hohen moralischen Werten, Disziplin und Selbstständigkeit zu begleiten, war sie die traditionell erziehende pakistanische Mutter.

Dank Gottes war mein Leben auch für die Richter völlig transparent, sodass es zu diesem großartigen Beschluss kam. Sicher hat mir hier auch meiner berufliche Karriere geholfen, denn ich war als Berater von Bundeswehr und Polizei natürlich auf Herz und Nieren geprüft worden.

Als Irma ihr Besuchsrecht in den Sommerferien 2007 wahrnahm, indem sie Danial und Adil zum 3-wöchigen Ferienaufenthalt zu sich nahm, brachte sie sogar Geschenke für Nadia und ihre Töchter mit, die sie ansonsten mit unerbittlichem Hass verfolgte und ließ sich viel Zeit, sich lobend über unser neues Zuhause zu äußern und unbefangen mit uns zu plaudern. Sie war so offen und fröhlich, dass Nadia mich später fragte: „Wen will sie denn damit auf den Arm nehmen? Die führt doch etwas im Schilde, oder?" „Sei doch nicht so negativ!", warf ich ihr ironisch vor und schmunzelte, „Sie hat ganz sicher mit Freude akzeptiert, dass die Kinder bei uns leben werden und wird uns zukünftig bestimmt keine Steine mehr in den Weg legen".

Fröhlich gingen Nadia, die Mädchen und ich gemeinsam neue Möbel bestellen, da das Haus komplett neu eingerichtet werden musste. Wir freuten uns so sehr auf unsere gemeinsamen Ferien, dass wir uns dunkle Gedanken einfach verbaten.

Kapitel 4 Vollzug der Entführung

Das erwies sich als verhängnisvoller Fehler. Durch einen seltsamen Anruf von Irma auf meinem Handy am 06.08.2007 wurden wir dann wieder so richtig hellhörig. „Ich habe Eure neue Adresse vergessen", sagte sie. In ihrem Alter leidet man normalerweise nicht an partieller Amnesie. Schließlich hatte sie die Jungen erste wenige Tage vorher hier abgeholt. „Irma, ist alles in Ordnung mit Dir, hast Du Fieber?", fragte ich, sogar ein bisschen besorgt. Obwohl ich schon viele Spielarten von Handlungen und Denkweisen, die fern ab von jeder Vernunft oder Logik waren, an Irma erlebt hatte, machte mich dieser Grad der Verwirrtheit nun doch stutzig. Was sollte das sein? Ein Kontrollanruf? „Natürlich weiß ich, wo ihr wohnt, ich habe nur den Straßennamen vergessen", beschwichtigte sie mich, aber es klang irgendwie unglaubwürdig.

Ich erzählte meiner Frau von dem Anruf. Nadia und mir gelang es mit Mühe immerhin noch einige Tage, uns gegenseitig zu erzählen, dass er keinerlei Bedeutung habe. Schließlich hatte Irma's Verhalten in der letzten Zeit keine Gefahr signalisiert. Aber am 10.08.2007 verloren wir den Kampf gegen unsere Gefühle, die sich in absoluter Alarmbereitschaft befanden.

Nadia's Tochter hatte ein Arzttermin. Auf dem Weg fuhren wir an Irma's Haus vorbei und sahen zu unserem Entsetzen einen Schiffscontainer. Der Anblick, der sich uns dort bot, ließ das Blut in unseren Adern gefrieren: Drei Männer waren eifrig dabei, Möbel und Inventar, das ich eindeutig als Irma's Eigentum identifizieren konnte, in den Container zu verstauen.

„Was machen Sie denn da?" fragte ich unnötigerweise. „Nach was sieht es denn aus?" antwortete einer der Männer unfreundlich. „Die Dame wünscht umzuziehen und wir helfen ihr dabei".

Ich stürzte an ihnen vorbei in Irma's bereits fast leergeräumte Wohnung. Niemand war da. Von Irma und meinen Kindern fehlte jede Spur. Wohl wissend, dass dies eigentlich keinen Sinn hatte, wählte ich ihre Handynummer. Das Handy war ausgeschaltet. Um mein Herz legte sich eine eisige Hand: Danial und Adil waren weg.

Die Stille in mir war wie der Tod. Langsam begann jener unfassbare Gedanke sich in mein Gehirn einzubrennen: Sie hatte es also wahrgemacht! Sie hatte mir meine Söhne genommen, um sich an mir zu rächen, kalt, gnadenlos, ohne einen Gedanken an die Kinder zu verschwenden, die sie doch angeblich so liebte.

Der erste Gedanke, der durch meinen Kopf ging, war, dass sie mit den Jungen nach Pakistan verschwunden war, in jenes Land auch meiner Väter, von dem ich so gut wie nichts wusste, außer, dass dort ausschließlich das Faustrecht der Reicheren, Kriminellen und Stärkeren herrschte und dass die Familie meiner Ex-Frau in allen drei Kategorien eine Vormachtstellung einnahm. Zügig wurde meine Erstarrung von ohnmächtiger Wut, unerträglichem Schmerz und wilden Rachegelüsten abgelöst. Doch Nadia brachte mich ebenso schnell auf den Boden der Tatsachen zurück. „Warte noch ab, Irma hat ja

Kapitel 4 Vollzug der Entführung

noch zwei Wochen Zeit, um die Kinder wieder zurückzubringen. Vielleicht will sie dich nur provozieren, damit du einen Fehler machst und dann genauso wie sie mit ihren falschen Behauptungen vor Gericht schlecht dastehst, in den gleichen Dreck gezogen wirst", sagte sie und ich fand, dass sie Recht hatte. „Vielleicht will sie als nächstes beweisen, dass ich durchgeknallt bin", antwortete ich ihr und unternahm erst einmal nichts Weiteres.

Der Morgen kam und mein Verstand, der das in meinem Kopf wirbelnde Gefühlschaos einigermaßen in den Griff zu bekommen versuchte, war wieder halbwegs funktionsfähig. Es war der 11. August und Geburtstag von Nadia's älterer Tochter. Wir hatten schon Wochen vorher Gäste eingeladen und trafen die letzten Vorbereitungen. Gerade wollten wir mit den Gästen zum Essen losfahren, als Nadia zitternd und kreidebleich mit meinem Handy gerannt zu mir kam. Ich wusste sofort, worum es ging und war schon vorbereitet. Unmengen Adrenalin schossen in mein Blut und ich bemühte mich nach Kräften, die Fassung zu bewahren, als ich die hämische Stimme meines Ex-Schwiegervaters hörte. In der ihm eigenen Manier eines fehlbesetzten Mafiabosses sagte er zufrieden: „Ich hatte Dir vor geraumer Zeit gesagt, dass ich dir deine Kinder nehmen werde. Hier, hör' gut zu, jetzt sind und bleiben sie bei mir! Jetzt sind sie endlich bei der richtigen Familie im richtigen Land und ich werde richtige Männer aus ihnen machen!" Ja, da war sie wieder, diese zur Schau gestellte Omnipotenz des kriminellen Patriarchen, die mich so oft bis zur Weißglut gereizt hatte. Aber in diesem Moment interessierten mich nur meine Kinder.

Um das Maß seiner Güte voll zu machen und seine Macht zu demonstrieren, erlaubte mein er sogar den Kindern, ein kurzes „Hallo Papa" zu sagen. Sie lebten und sie schienen gesund zu sein, das war zunächst für mich das Wichtigste, auch wenn ich das Gefühl hatte, dass beide weinten.

„Ich verbeuge mich vor Dir, alter Mann! Respekt, du hast zwei kleine Kinder entführt, was für eine Heldentat!" sagte ich zynisch. Merkwürdigerweise fühlte er sich geschmeichelt: „Ja, da siehst Du mal, wie es ist, wenn man so mächtig und weise ist wie ich." Die Ironie in meinen Worten zu erkennen, überstieg sicherlich seine intellektuelle Leistungsfähigkeit. „Aber weißt Du was, Schwiegervater, jetzt bin ich an der Reihe", sagte ich mit gelassener Stimme, „nimm' Dich in Acht und sag' auch deiner ganzen, großen Familie, dass sie ab jetzt keine ruhige Minute mehr haben werden, bis ich die Kinder wiederhabe." Er holte tief Luft, suchte wahrscheinlich die richtigen Worte, mir seine Vollkommenheit zu verkünden, doch ehe er etwas erwidern konnte, verabschiedete ich mich und legte auf.

Als ich endlich in der Lage war, mich auf meinen Verstand zu besinnen und nach praktikablen Lösungen zu suchen, steigerte sich meine Verzweiflung unversehens zur absoluten Ungewissheit. Angesichts der von Korruption, Vetternwirtschaft und Kriminalität geprägten Verhältnisse in Pakistan erschien mir der Weg über die Behörden oder gar Petitionen an einflussreiche Persönlichkeiten völlig aussichtslos. Überall würde mir mein übermächtiger, mir in finanzieller Hinsicht weit überlegener und von starken kriminellen Energien getriebener Ex-

© 2012, Rukhsar-Verlag

Kapitel 4 Vollzug der Entführung

Schwiegervater mindestens einen Schritt voraus sein. Und eines durfte ich keinesfalls unterschätzen: Er, und damit sein ganzer Clan, hassten mich bis auf's Blut, denn schließlich hatte ich mich von seiner Tochter scheiden lassen und somit nicht nur sie, sondern die gesamte Familie zutiefst in ihrer Ehre verletzt. Also brauchte ich den Gedanken an eine gütliche Einigung gar nicht erst zu Ende zu denken. Im Gegenteil: Sie würden keine Gelegenheit auslassen, um mich zu vernichten.

Nun, da mir die Zusammenhänge klar geworden waren, mussten wir die Geburtstagsfeier absagen und ich fuhr sofort zur zuständigen Polizeibehörde und erstattete, wie beim ersten Entführungsversuch gelernt, Anzeige gegen Irma und ihren Vater wegen Entziehung Minderjähriger, natürlich eskortiert von meinem ebenfalls bereits kampferprobten Anwalt. Er riet mir, so schnell wie möglich Kontakt mit der Deutschen Botschaft in Islamabad aufzunehmen, denn schließlich ging es bei den beiden entführten Kinder um deutsche Staatsbürger.

Wir konnten erst am nächsten Morgen die Botschaft anrufen, da es in Pakistan schon Nacht war. Nadia und ich verbrachten diese erste, nicht enden wollende Nacht damit, unsere Gedanken zu ordnen und so etwas Ähnliches wie Strategien zu entwickeln, was uns aber angesichts der Aussichtslosigkeit der Situation nicht recht gelingen wollte. Aber eines stand für uns beide felsenfest: Ich werde meine Kinder nicht kampflos diesen Menschen überlassen, und wenn es das letzte ist, was ich in meinem Leben tun würde. Und ein weiterer Gedanke quälte mich: Was hatte Irma meinen Jungen erzählt oder gar angetan, denn ich war sicher, dass sie ihrer Mutter nicht freiwillig nach Pakistan gefolgt waren.

Lange klingelte das Telefon in der Botschaft: „Deutsche Botschaft Islamabad", meldete sich schließlich eine Dame. „Guten Tag", sagte ich mit nervöser Stimme, „meine Söhne sind von ihrer Mutter nach Pakistan entführt worden und ich brauche Ihre Hilfe." Die Dame schien überrascht zu sein: „Eine Mutter, die entführt, und ein Vater, der sucht? Wie originell, das hatten wir noch nicht!" Ausführlich beschrieb ich die Sachlage, eben dass es sich um deutsche Staatsbürger handelte und gab alle Informationen über die potentiellen Beteiligten der Entziehung sowohl in Pakistan als auch in Deutschland zu Protokoll. Als mich die Mitarbeiterin der Deutschen Botschaft um Fotos und Passnummern der Kinder bat, hörte ich mich sagen, dass ich die Passnummern leider nicht liefern könnte, da die alten Pässe abgelaufen waren, und die neuen, mit der gefälschten Unterschrift, von der Kriminalpolizei für ungültig erklärt wurden.

Was hatte ich da gerade gesagt? Wie, um alles in der Welt, konnte meine Ex-Frau dann mit den Kindern unbehelligt nach Pakistan ausreisen? Mit den für ungültig erklärten Pässen? Oder hatte sie zur Abwechslung gefälschte Pässe benutzt, möglicherweise mit falschen Namen? Einer ihrer Brüder lebte in Bulgarien und war sicher gerne erbötig, gegen einen kleinen Obolus entsprechende Dokumente zu besorgen.

Kapitel 4 Vollzug der Entführung

Einreise mit falschen Namen würde allerdings bedeuten, dass die berühmte Suche nach der Nadel im Heuhaufen ein Sonntagnachmittagsspaziergang gegen das war, was mir bevorstand.

Ausgesprochen beruhigend in diesem ganzen Chaos war die nicht nur äußerst professionelle, sondern auch sehr fürsorgliche Zusammenarbeit mit der Deutschen Botschaft in Islamabad. Sofort wurde mir klar, dass die Katastrophe, die in mein Leben eingebrochen war, zu ihrem täglichen Brot gehörte und sie in keiner Weise aus der Ruhe zu bringen vermochte.

Die nette Dame am Telefon ließ mich bei allem Verständnis nicht im Unklaren darüber, dass die Chancen, die Kinder nach Deutschland zurück zu bekommen, recht gering seien. Dennoch fühlte ich mich zu jeder Zeit ernst genommen und sehr gut aufgehoben. Niemals hätte ich gedacht, dass ich einmal einer Situation so hilflos gegenüber stehen würde und deshalb waren für mich, neben den üblichen Informationen, wer in welchem Land für was die richtige Anlaufstelle ist, gelebte Erfahrungswerte und Verhaltensregeln von eminenter Wichtigkeit. „Vor allem beachten Sie eines", sagte sie eindringlich, „keine Alleingänge, keine Selbstjustiz, keine gewaltsame Rück-Entführung, auch wenn es Ihnen noch so schwer fällt. Wir verstehen Ihre Lage, aber damit schaden Sie nur sich und den Kindern und wir können Ihnen nicht mehr helfen. Prägen Sie sich das immer wieder gut ein!" Also kein „Auge um Auge, Zahn um Zahn"-Prinzip an dieser Stelle, hoffentlich bekomme ich das hin.

Die größten Erfolge, so berichtete sie mir, hatte man mit gütlichen Einigungen zwischen den Eltern erzielt. Zum ersten Mal in diesen Tagen lachte ich schallend, aber voll Bitterkeit. Da dies der wirklich einzige Lösungsweg war, den ich mit absoluter Sicherheit ausschließen konnte, konnte ich mich als quasi „Ausländer" versus eine angesehene pakistanische Familie also auf endlose Verzögerungstaktiken und Rückschläge, die nur mit sehr langem Atem zu ertragen wären, einrichten. Die Dame konnte einem wirklich Mut machen!

Allen möglichen Schwierigkeiten zum Trotz waren Nadia und ich uns einig: „Sie brauchen jetzt einen Vater, der ihnen hilft und keinen Racheengel!" Ich musste nach Pakistan, ich konnte mir nur vor Ort ein Bild von allen Möglichkeiten machen, ich konnte meinen Kindern nur helfen, wenn ich in ihrer Nähe bin. Als ich die nette Dame von der Deutschen Botschaft von meinen Plänen in Kenntnis setzte, merkte ich deutlich, dass sie meine Begeisterung nicht in vollem Umfang teilte. „Wenn Sie meinen", sagte sie lakonisch, „wir werden versuchen, Ihnen so gut es geht zu helfen, aber erwarten Sie keine Wunder von uns. Wir haben unzählige Fälle wie Ihren auf dem Tisch und alle wollen, dass wir für sie da sind."

Sie empfahl mir, als erste Maßnahme noch vor Reiseantritt über meinen Anwalt einen Herausgabetitel bei einem deutschen Gericht zu erwirken, da es sich um zwei deutsche Kinder handelte, und dann den zweifellos sportlichen Versuch zu unternehmen, diesen durch die pakistanische Justiz anerkennen zu lassen, damit er vollstreckbar würde. Mein Anwalt schlug

Kapitel 4 Vollzug der Entführung

die Hände über dem Kopf zusammen, ging aber dennoch sofort ans Werk.

Die bevorstehende Reise hatte noch einen weiteren sehr bedrohlichen Aspekt: Meiner Frau und mir war völlig klar, dass die Konfrontation mit meinem Ex-Schwiegervater und dessen Clan auf eigenem Terrain alles andere als ein Kurzurlaub werden würde. Schließlich hatte er mir für die Entehrung seiner Familie ewige Rache geschworen und somit mussten wir mit härtesten Repressalien rechnen. Aber ich wischte diese manchmal nachts hochkochenden Ängste weg, die ich auch in den Augen meiner Frau deutlich sehen konnte. Es half nichts, es gab einfach keinen anderen Weg.

Neben den tausend bürokratischen Hürden, die es in dieser Zeit zu überwinden galt, begleitete mich die Sorge um meine Söhne wie das ständige Ticken einer Zeitbombe. Die Ungewissheit, wie es ihnen geht und was ihnen widerfährt, ohne dass ich sie beschützen kann, brachte mich fast um den Verstand. Als am 17.08.2007 mein Telefon klingelte und ich den Hörer abhob, krampfte sich mein Herz zusammen: Ich hörte die Stimme meines völlig aufgelösten, verzweifelt weinenden Sohnes Danial wimmern: „Papa, bitte, bitte hol' uns hier raus! Wir wollen nach Hause. Wir halten es hier nicht mehr aus!" Der tapfere kleine Kerl hatte es irgendwie geschafft, in einem unbeobachteten Moment bei mir anzurufen! Wie gut, dass er sich so intensiv meine Handynummer und Mailadresse eingeprägt hatte. Ich glaube, es ist mir noch nie so schwer gefallen, meine Emotionen im Griff zu behalten. Ein haltlos schluchzender Vater war das Letzte, was die beiden jetzt gebrauchen konnten. „Danial," versuchte ich ihn zu beruhigen, „hör' mir zu. Ich komme und hole Euch, das verspreche ich Dir. Ich weiß noch nicht genau wann, aber es wird bald sein. Ihr müsst noch ein bisschen durchhalten und vor allem niemanden etwas von unserem Gespräch sagen. Auch Mama und Opa nicht. Hast Du das verstanden? Kannst Du das auch Adil erklären?" Es kam zunächst nur ein schluchzendes „Ja, Papa", aber ich merkte, wie mein Sohn sich langsam beruhigte.

So gerne ich ihm weiter Mut zugesprochen hätte, ich musste die Gelegenheit nutzen, um so viele Informationen wie möglich von den Kindern zu bekommen, insbesondere, wo sie sich aufhielten. „Wir sind im Haus von Oma und Opa", erklärte er mir. „Mama und Opa sind sehr streng und wir sind fast immer eingesperrt." Es zerriss mir das Herz. „Danial, warum seid ihr denn mit Mama nach Pakistan geflogen?", fragte ich ihn. Er erzählte, dass Irma sie nach der Abholung zunächst bei einer Freundin untergebracht hatte und mehrmals lange Zeit verschwand. „Mama war furchtbar nervös" berichtete er, wieder unter Tränen, „und schrie uns dauernd an. Ich dachte, sie wollte sich dafür entschuldigen, denn sie sagte, dass sie am nächsten Tag mit uns ins Phantasialand fährt. Wir haben uns sehr gefreut. Als wir losfuhren, war es sehr früh und Adil und ich sind sofort eingeschlafen, obwohl wir so aufgeregt waren. Papa, meinst Du, Mama hat uns Medizin zum Schlafen gegeben?" Dieser Verdacht, geäußert von meinem 10-jährigen Sohn erschütterte mich zutiefst. Mein Gott, konnte Irma tatsächlich so etwas tun? „Als wir aufwachten, fuhren alle Autos auf der

Kapitel 4 Vollzug der Entführung

falschen Seite. Aus der Schule weiß ich, dass es das in Europa nur in England gibt. Ich fragte Mama, was wir denn hier machen. Mama machte große Augen, als wäre ihr noch gar nicht aufgefallen, dass hier alle links fahren und sagte: „Ach Du meine Güte, jetzt habe ich mich auch noch verfahren!" Ich schämte mich ein bisschen, weil ich ihr nicht glauben konnte. Dann fuhren wir zum Flughafen, weil Mama sagte, wir könnten nicht mit dem Auto zurückfahren, weil sie unsere Pässe nicht dabei hätte." Natürlich konnte diesen Unsinn sogar ein 10-Jähriger durchschauen, aber was sollte er machen? „Und weißt Du was, Papa, am Flughafen stand plötzlich Opa, der doch eigentlich in Pakistan wohnt, und freute sich, dass er uns zufällig hier getroffen hatte." Danial wurde nun endgültig misstrauisch und verlangte, mich anrufen zu dürfen, was er natürlich nicht durfte. „Da habe ich gesagt, wir steigen nicht in das Flugzeug ein, wenn wir Dich nicht anrufen dürfen. Mama wurde sehr böse und schimpfte furchtbar mit uns. Opa sagte, dass er so ungezogene Enkel nicht mehr haben möchte und dass sie jetzt alleine wegfliegen würden." Ich konnte wirklich kaum noch zuhören. Was war in diese Mutter gefahren? „Wir haben Angst bekommen und sind in das Flugzeug gestiegen. Als ich Mama fragte, warum Islamabad an dem Schild über dem Schalter steht, sagte sie, dass wir über Frankfurt fliegen und dort aussteigen werden. Ich glaubte ihr kein Wort mehr. Aber Mama schwor auf den Koran, dass sie die Wahrheit sagte. Da waren wir natürlich beruhigt." Schnell bemerkte Danial, dass die Reise viel zu lang war, um sie von London nach Frankfurt zu bringen. „Als die Tür aufging, haben wir gleich gesehen, dass wir in Pakistan sind und Mama fragte, ob das nicht eine wunderbare Überraschung für uns ist. Aber wir haben nur geweint."

Ich konnte nicht glauben, was ich gerade gehört hatte. Um mich zu beruhigen, bat ich Danial, mir meinen kleinen Adil ans Telefon zu holen. „Hallo Papa!" krähte er fröhlich ins Telefon. Ganz anders als sein hochsensibler Bruder war er, wie gewohnt, eher in sich gekehrt, aber auch pragmatisch. „Hör mal, Papa, ich will wieder nach Deutschland zu Dir. Kannst Du das machen? Mama will uns auf eine englische Schule schicken und da verstehen wir doch kein Wort. Ist das nicht doof? Und weißt Du noch was? Mama hat zu Opa gesagt, dass wir jetzt anders heißen sollen, und das will ich überhaupt nicht. Papa, wann kommst Du uns denn holen?" Mit äußerster Mühe um meine Fassung ringend, beruhigte ich auch ihn mit dem Versprechen, dass dieses Schauspiel bald ein Ende haben werde. Danach brach die Verbindung abrupt ab.

Ich dankte Gott, dass meine Söhne schon groß und offensichtlich auch mutig genug waren, um zu wissen, wie sie Kontakt mit mir aufnehmen können. „Wie ist meine Handynummer? Wie lautet meine Mailadresse?" Tausendmal ließ ich die Beiden immer und immer wieder die Zahlen und Buchstaben wiederholen. Obwohl es mir widerstrebte, Misstrauen gegen die eigene Mutter in den Kinderseelen zu sähen, wurde ich nach dem ersten Entführungsversuch nicht müde, ihnen zu erklären, dass ihre Mutter vielleicht die Gelegenheit zu einer weiteren Entführung wahrnehmen würde, sie also immer auf der Hut sein sollen. Ich impfte ihnen entsprechende Verhaltensregeln

Kapitel 4 Vollzug der Entführung

ein. Mit Schrecken kam mir zu Bewusstsein, wie es anderen Elternteilen, meistens Müttern, erging, deren Kinder entweder zu klein oder zu unvorbereitet waren, um überhaupt Kontakt aufnehmen zu können!

Hochmotiviert durch das ungeheuerliche Telefonat mit meinen Söhnen machte ich mich mit Feuereifer an die Reisevorbereitungen. In der Zwischenzeit erhielt mein Anwalt folgende Mail von der Deutschen Botschaft in Islamabad, aus der hervorging, dass auch ihnen die Außergewöhnlichkeit unseres Falles nicht länger verborgen geblieben war:

„Wie ich auch schon Herrn Khan erläutert hatte, handelt es sich hier um einen atypischen Fall. In der Regel werden die Kinder nicht von der Mutter, sondern vom Vater entführt. Da dem Vater als Erziehungsberechtigtem nach pakistanischem Recht mehr Rechte zustehen, ist es in diesen Fällen besonders schwierig – auch über die Justiz – die Kinder wieder der Mutter zuzuführen. Im Fall von Danial und Adil hat der Vater somit rein rechtlich in Pakistan einen Vorteil. Hinzu kommt, dass alle Beteiligten deutsche Staatsangehörige sind, es sich also um einen rein deutschen Fall handelt. Einzig fraglich ist, ob die Kinder nicht eventuell doch Doppelstaater sind. Zumindest die Tatsache, dass der Großvater ihnen möglicherweise pakistanische Pässe besorgt hat, spricht dafür. Dann besteht die Möglichkeit, dass die pakistanischen Behörden sich für zuständig erklären, da es um das Wohl pakistanischer Kinder geht."

Die nette Dame aus der Deutschen Botschaft riet mir dringend, mich auch vor Ort in Pakistan anwaltlich vertreten zu lassen. Sie versorgte mich schnell mit den Adressen der besten, vertrauenswürdigen und in solchen Fällen erfolgreichsten Anwälten, die natürlich auch die teuersten waren. Da ich an dieser Stelle wegen ein paar Euro keinen Fehler machen wollte, nahm ich im August 2007 Kontakt zum aller besten und aller teuersten Anwalt auf, mit der Bitte, mich über mögliche Lösungswege zu informieren. Seine Antwort war mehr als ernüchternd:

> There are several ways to handle this problem.
>
> - Through the Pakistani legal system which requires filing of a custody case and takes several months.
>
> - Based on a court order from Germany but through the Pakistani legal system again which requires execution of the decree of the german court. (unfortunately Pakistan has no reciprocity with Germany in such matters). This also requires considerable time.
>
> - Make a police case in Germany and then seek enforcement of the mirror order in Pakistan through administrative channels also involving the police liaison officer in the Embassy of Germany.

Kapitel 4 Vollzug der Entführung

- File an FIR in Pakistan against the mother for abduction. This is a little tricky as the abduction did not take place in Pakistan but continues here.

- Placing family pressure on the culprits. This is a social matter which does not always work.

Allmählich wurde mir kristallklar, dass ich mich erst ganz am Anfang eines steinigen und zeit- und kostenaufwendigen Weges befand, den ich auf jeden Fall so schnell wie möglich vor Ort in Pakistan antreten musste.

Mit dem ersten Stolperstein machte ich allerdings schon im heimatlichen Deutschland Bekanntschaft, denn auch 4 Wochen nach der Entführung gab es weit und breit keine Spur von dem beantragten Herausgabetitel. Tag und Nacht hörte ich Danial's und Adil's verzweifeltes Flehen, ein schreckliches Gefühl, an dessen Behebung das zuständige Gericht allerdings offenbar keinerlei Interesse hatte. Ich konnte mich des Eindrucks nicht erwehren, dass die Motivation der Beamten, mir zu helfen und endlich tätig zu werden mit der Häufigkeit meiner Eingaben und Ersuchen exponentiell abnam.

Bereits nach unglaublichen 6 Wochen erbarmte sich ein Beamter und ich erhielt gnädig den ersehnten Herausgabetitel, der dann natürlich erst noch umständlich ins Englische übersetzt werden musste. Aber es war nicht die Zeit zum Klagen, immerhin war der erste Schritt getan: Ich buchte Flug und Hotel für Nadia und mich, weil sie unbedingt darauf bestand, mitzukommen. Sie meinte, ich kenne weder die Wege noch könnte ich Urdu lesen. Ich informierte die Deutsche Botschaft in Islamabad über unsere Ankunft. Wir hatten beschlossen, die Töchter von Nadia bei sehr nahestehenden Verwandten unterzubringen.

Wir mussten am nächsten Morgen früh zum Flughafen fahren. Bevor wir uns schon früh schlafen legten, teilte Nadia ihren Eltern noch mit, dass sie mit mir nach Pakistan kommt. Ihre Eltern wohnten in derselben Stadt (Islamabad), in der auch Irma's Eltern wohnten und beide kannten sich gegenseitig sehr gut. Nadia's Mutter konnte ihre Freude kaum verbergen, ihre Tochter wiederzusehen. Jedoch klingelte plötzlich das Telefon, kurz bevor wir einschliefen. Während ich zum Telefon eilte, in der Hoffnung, dass es vielleicht Danial und Adil seien, sah ich aber anhand der Nummer, dass es Nadia's Vater, also mein neuer Schwiegervater, war. Von der Tatsache, dass seine Tochter bei dieser außerordentlich gefährlichen Rettungsaktion dabei sein sollte, war er garnicht begeistert. Er beschwor Nadia, Irma's Familie ja nicht zu unterschätzen. Nadia aber war nicht bereit, seine Argumente zu akzeptieren. Sie wollte unbedingt dabei sein. Letztendlich konnte ich sie aber doch noch davon überzeugen, zu Hause zu bleiben und mich von hier aus zu unterstützen. Nadia's Vater hatte mich in meiner Ansicht dadurch nur bekräftigt, denn ich hatte es ohnehin nicht für vernünftig empfunden, sie mitzunehmen.

Kapitel 4 Vollzug der Entführung

Am 18.09.2007 stand ich mit schrecklichen Gefühlen am Frankfurter Flughafen und musste mich von meiner Frau und meinen neugewonnenen Töchtern verabschieden. Es war ein Abschied, den wir niemals in unserem Leben vergessen werden. Keine Geschäftsreise, kein Urlaub, keine Bildungsreise, sondern eine Reise ins Ungewisse erwartete mich und meine Frau und mir war durchaus bewusst, dass ich vielleicht niemals zurückkehren würde. Schließlich ging ich im wahrsten Sinne des Wortes in die Höhle des Löwen, der ein starker, ja fast übermächtiger Gegner zu sein schien. Aber uns war ebenso klar, dass ich versuchen musste, um jeden Preis meine Söhne zu retten. Und wo holte ich mir die Stärke und Überzeugung her, diese Aufgabe zu bewältigen? Aus meinem Gottvertrauen! Heißt es doch an unzähligen Stellen, „fürchtet nichts außer Gott", oder „auf Gott sollt ihr vertrauen, wenn ihr Gläubige seid", aber auch „harrt geduldig aus im Leid und im Elend, und wisst, dass Gott mit den geduldig Ausharrenden ist". Weiter erinnerte ich mich an theologische Grundsätze aus allen monotheistischen Religionen wie „nach jeder Schwierigkeit kommt die Leichtigkeit" und „was immer euch zustößt, so geschieht es mit der Erlaubnis Gottes". Einmal mehr war die Religion für mich eine Befreiung. Eine Befreiung von den irdischen Machenschaften. Niemand außer Gott hat Macht über mich und alle Dinge. Ich brauche mich niemandem zu Unrecht unterzuordnen. Und dieses Bewusstsein gab mir – genauso wie früher, als ich mich zum ersten Mal von den menschengemachten, oftmals kulturell bedingten Intrigen, emanzipierte – die Stärke und Überzeugung, dass ich diese Aufgabe bewältigen konnte, ohne in eine für mich von meinem ehemaligen Schwiegervater installierte Falle zu tappen, die geradewegs in ein pakistanisches Gefängnis oder in einen Sarg führen könnte. Ich winkte noch einmal und sah in tränenüberströmte, aber tapfer lächelnde Gesichter. Die Rettungsaktion begann.

Kapitel 4 Vollzug der Entführung

Kapitel 5

In Pakistan

Bei meiner Ankunft in Islamabad beschlich mich sofort jenes Gefühl, das ich jedes Mal hatte, wenn ich dieses Land betrat. Irgendwie verspürte ich immer eine innere Verbundenheit mit diesem Land, obwohl ich wusste, welche Verhältnisse dort herrschten. „Liegt es vielleicht an meinen Genen?", frage ich mich jedes Mal. Ich bin zwar ein gebürtiger Frankfurter, fühle mich in Deutschland wohler, als irgendwo auf diesem Planeten, trotzdem weiß ich ja, wo mein Blut herkommt. Oder ist es einfach nur die Sehnsucht nach der Ferne? Naja, dann müsste ich dieses Gefühl ja in jedem fernen Land haben, was aber nicht so ist. Noch nicht einmal an der Immigration angekommen, sah ich schon die vielen Gepäckträger, die bereits darauf warteten, mir meine Taschen aus den Händen zu reißen, damit ich ihr Taxi bevorzugte. Doch am Exit erwarteten mich, wie abgesprochen, zwei mir völlig unbekannte Freunde eines in Deutschland lebenden entfernten Bekannten, die mir als ausge-

Kapitel 5 In Pakistan

sprochen kompetent und einflussreich geschildert wurden und mich bei der Suche nach den Kindern vor Ort nachhaltig unterstützen sollten. Wortreich und mit wichtigen Gesten empfingen sie mich und gaben mir sofort das Gefühl, einen Fehler gemacht zu haben.

Wir fuhren direkt vom Flughafen zu dem von Irma's Eltern zu dieser Zeit bewohnten Haus. Ich kannte diese Gegend zwar aus vorherigen Besuchen während unserer Ehezeit, aber jedes Mal, wenn ich dieses Gebiet betrat, erschreckten mich die dort herrschenden, außerordentlichen Unverhältnismäßigkeiten. Spricht man in Deutschland von Villenvierteln, kann man hier aber von einem exklusiven Schlossviertel ausgehen. Weit und breit nicht die geringste Spur von einem Drittweltland. Die Schlösser kosten hier umgerechnet bis zu 4 oder 5 Millionen **Euro**, während ein Arbeiter in Pakistan ein Monatsgehalt von etwa 6.000,- bis 8.000,- Rupien hat. Die großverdienenden Angestellten wie Ingenieure oder hochqualifizierte IT-Fachkräfte kommen auf bis zu 250.000,- Rupien im Monat. Nun, der Umrechnungskurs zum Euro liegt derzeit bei etwa 1:120, was nun keiner weiteren Erklärung hinsichtlich der Unverhältnismäßigket bedarf. Vor Irma's Elternhaus herrschte Todesstille. Also fuhren wir weiter zum nächsten Haus, das ihre Eltern früher bewohnt hatten und sich nach wie vor in ihrem Besitz befand. Dort war am Eingangstor ein großes Schloss angebracht, was signalisierte, dass das Haus unbewohnt war. Anschließend näherten wir uns dem Hotel, in dem ich für die beiden seltsamen Halsabschneider, die angeblich einen langen Anfahrtsweg hatten, ebenfalls ein Zimmer gebucht hatte. Nach einer kurzen Erholungspause setzten wir uns zu einer ersten strategischen Lagebesprechung zusammen.

Eigentlich weiß ich gar nicht, warum ich mich auf diese Konstellation überhaupt eingelassen hatte, denn irgendwie wusste ich schon vorher, was kommen würde. „Wir machen das wie folgt: Wir besorgen dir eine garantiert unregistrierte Waffe. Du gehst in das Elternhaus Deiner Ex-Frau, schiesst um Dich und holst Die Kinder heraus. Na, ist das ein guter Plan?" Die beiden schlugen sich gegenseitig auf die Schultern ob dieses brillanten Plans und verstanden meine mangelnde Begeisterung nicht im Geringsten. Dann überraschten sie mich mit der Nachricht, dass sie zur Verstärkung den Onkel eines Großonkels angeheuert hatten, der darauf brannte, mit seinen ausgezeichneten Kontakten die Befreiung meiner Kinder zu einem Kinderspiel werden zu lassen.

Umsichtigerweise hatte dieser Onkel bereits einen vierten Helfer organisiert, der zur Unterstützung, welcher Art auch immer, herbeieilte und den der Onkel bereits im Vorfeld bezahlt hatte, übrigens genau wie angeblich der Onkel bereits vorab von den beiden Galgenvögeln ausbezahlt wurde. Um es kurz zu machen: Sie alle wollten nichts als mein ohnehin knapp bemessenes Geld und waren durchaus geneigt, diesem Ansinnen einen gewissen Druck zu verleihen, was ihnen angesichts ihrer Anzahl nicht schwer fiel. In Europa wächst das Geld eben auf den Bäumen, nebenher bemerkt, eine nationale Denkweise in Pakistan.

Kapitel 5 In Pakistan

Ich hatte also ein neues Problem, ohne der Lösung meines eigentlichen auch nur einen Schritt näher gekommen zu sein. In Liebe gedachte ich meinem Bekannten in Deutschland, der mir diese geldgierige Sippschaft auf den Hals gehetzt hatte. „Hallo!" Wütend versuchte ich ihn zu erreichen, damit er die Suppe auslöffelt, die er mir eingebrockt hatte. Natürlich war er nicht da, sondern nur seine Gattin. „Das ist ja unglaublich und Du bist völlig im Recht! Ich weiß auch nicht, was er sich dabei gedacht hat!" erboste sie sich. „Schick' sie doch einfach ohne Bezahlung weg!" Welch güldener Ratschlag! Das brachte mich wirklich ganz nach vorne. Am Ende aller Tage war es also an mir, den Vieren zu erklären, dass sie a) kein Geld bekommen und b) verschwinden sollen.

Wie erwartet, waren sie von meiner Eröffnung nicht begeistert. Ich bot ihnen eine kleine Entschädigung für die geleisteten Dienste an. Dem Himmel sei Dank war ihre Gier so groß, dass sie „lieber den Spatz in der Hand, als die Taube auf dem Dach nahmen", mir unter Wehklagen über den Undank der Welt das Geld aus den Händen rissen und auf nimmer Wiedersehen verschwanden.

So verging der erste Tag meines Aufenthaltes, ohne dass ich irgendetwas Entscheidendes bewegt hatte. Um zumindest einen kleinen Schritt vorwärts gemacht zu haben, zog ich los und organisierte mir wenigstens noch ein Auto mit Fahrer für die Zeit meines Aufenthaltes, um flexibel zu sein und mich nicht auch noch alleine durch das Verkehrschaos von Islamabad kämpfen zu müssen. Nach zähen Verhandlungen fand ich jemanden, der einen einigermaßen zuverlässigen Eindruck machte und mir nicht das Gefühl gab, dass ich ihm den Rücken nicht zuwenden könnte. Danach rief ich in der Deutschen Botschaft an und es gelang mir tatsächlich, für den nächsten Tag einen Termin mit meinem Ansprechpartner dort zu vereinbaren, der auf den originellen Namen Meier hörte.

Am gleichen Abend traf ich mich mit meinem Onkel, der übrigens auch gleichzeitig mein neuer Schwiegervater, also Nadia's Vater ist, in dessen Haus. Diesem Treffen konnte ich nicht aus dem Weg gehen, obwohl ich ihn und seine Familie nicht in diese Angelegenheit hineinziehen wollte. Was sie nicht wissen, kann ihnen später auch niemand vorwerfen. Und insbesondere aufgrund meiner Erfahrung als Referent, Autor und Berater im Bereich der IT-Sicherheit erinnerte ich mich an die unzähligen Parallelen zwischen der Kriminalität in der physischen Welt und dem Cybercrime und dass man gerade in einer solchen Situation das Zitat „Know your Enemy" niemals außer Acht lassen sollte. Mir war klar, dass meine Feinde davon ausgingen, dass ich die Hilfe meines in Islamabad ansässigen Onkels in Anspruch nehmen würde – Grund genug, genau das nicht zu tun. Allerdings hatte ich nicht mit der überschwenglichen Herzlichkeit meines Onkels gerechnet. „Junge, warum wohnst Du denn in diesem Hotel? Mein Haus ist dein Haus! Oder willst Du mich beleidigen?" fragte er. Notgedrungen erklärte ich so oberflächlich wie möglich, wie meine Strategie aussah, doch er bot mir eine andere an. „Mit denen wirst Du nicht alleine fertig. Anderes Land, andere Sitten. Hier musst du so vorgehen, wie die Einheimischen in einem solchen Fall vorgehen würden." Voller

Kapitel 5 In Pakistan

Überzeugung führte er mich in den Keller, um mir sein, Gott sei Dank, wenigstens lizensiertes Waffenarsenal zu präsentieren und erklärte mir, dass er mir bei der Befreiung der Kinder behilflich sein kann. „Danke, Onkel, aber vielleicht komme ich irgendwann später darauf zurück", anwortete ich ihm vorsichtig, ohne seine Gefühle zu verletzen, denn er meinte es wirklich sehr lieb und man konnte in seinem Handeln zweifelsohne erkennen, dass er überaus besorgt um mich war. Schließlich wussten wir ja beide, dass in Pakistan täglich mehr Menschen getötet werden, als in Deutschland Tiere sterben. Aber ich hatte meine Emotionen bereits lange abgelegt und war nicht auf Selbstjustiz und Rambo-Tour eingestellt.

Ein wirklicher Silberstreif am tief dunklen Horizont war meine Begegnung mit dem Vertreter der Deutschen Botschaft, Herrn Meier, am darauffolgenden Tag. Das erste Erfreuliche war, dass er mir tatsächlich Wasser und keine Waffen anbot. Darüber hinaus erhielt ich von ihm eine Liste der Vertrauensanwälte der Deutschen Botschaft. Auch weitere seiner Kollegen, mit denen ich bereits vorher über Email oder über das Telefon Kontakt hatte, lernte ich kennen. Ich wurde herzlich empfangen und man kümmerte sich sehr fürsorglich um mich. Und ich fühlte, dass ich mit meinem Anliegen endlich an der richtigen Stelle angekommen war. Mein Leben lang wird mich eine tiefe Dankbarkeit erfüllen, wenn ich an all diese mir völlig fremden Menschen denke, die sich uneigennützig meine Probleme zu Eigen gemacht haben. Was ich auch ganz toll fand, war die Tatsache, dass sie mir keinerlei falschen Hoffnungen machten. Angeknüpft an die tägliche Realität sagte mir Herr Meier, dass es durchaus deutsche Kinder in den Stammesgebieten von Pakistan gibt, zu denen er seit über vier Jahren keinen Kontakt mehr habe. „Das ist ein gesetzloses Gebiet, das nach dem allgemeinen Verständnis zwar zu Pakistan gehört, aber die pakistanische Exekutive hat dieses Gebiet als Niemandsland definiert" erklärte er weiter. Auch hörte ich erneut, dass mein Fall ein besonderes Alleinstellungsmerkmal habe, und zwar, dass ich als Vater die von der Mutter entführten Kinder suchte. „Ob die pakistanischen Behörden damit umgehen können, ist fraglich" sagte seine Kollegin. „Die haben bestimmt noch keine Erfahrung damit."

Trotzdem war Herr Meier ausgezeichnet auf das Gespräch vorbereitet und zeigte mir ohne Umschweife eine Reihe von legalen Möglichkeiten auf, die aus seiner Sicht Aussicht auf Erfolg haben könnten.

„Als erstes müssen wir sicherstellen, dass Ihre Ex-Frau mit den Kindern nicht das Land verlassen kann, soweit das hier überhaupt ohne Bestechung möglich ist. Ihr ist sicher klar, dass Sie als Vater in Pakistan in jedem Fall mehr Rechte haben, als sie als Mutter. Wenn sie klug ist, wird sie sich in ein Drittland absetzen, sobald sie erfährt, dass Sie hier sind." Herr Meier lebte lange genug in diesem Land, um die Dinge realistisch einzuschätzen. Er hatte völlig Recht. Bei der Einreichung meines Visumantrags beim pakistanischen Konsulat in Frankfurt stellte sich heraus, dass meine Söhne zuvor pakistanische Visa in ihre deutschen Reisepässe erhalten hatten. Es war klar, dass dies nur die Pässe sein konnten, die auf wundersame Wei-

Kapitel 5 In Pakistan

se bei Irma verschwunden und von der deutschen Kriminalpolizei bundesweit als ungültig gesperrt worden waren. Wie und warum diese Tatsache keinem bei den Ausreiseformalitäten aufgefallen war, war nun völlig ohne Belang. Tatsache war, dass Irma im Besitz quasi legaler Reisedokumente für die Kinder war, mit denen sie reisen konnte, wohin es ihr beliebte, ohne auch nur annähernd aufzufallen. „Ich werde versuchen, eine Ausreisesperre für die Kinder an allen Grenzen zu erwirken, das kostet ein bisschen Geld, ist aber sehr wirkungsvoll" sagte Herr Meier, „dann müssen wir sie nur in Pakistan suchen und nicht auf der ganzen Welt. Das sind doch gute Aussichten, oder?"

Am 21.09.2007 traf ich mich zum ersten Mal mit jenem bereits in Deutschland erwählten allerbesten und allerteuersten Anwalt. Er erklärte mir noch einmal im Detail die von ihm erwogenen Alternativen, wie er sie mir bereits per Mail zugesandt hatte. Das Gespräch gestaltete sich unerwartet schwierig, da meine Urdu-Kenntnisse offengestanden eher umgangssprachlich sind und auch mein ansonsten durchaus als verhandlungssicher einzustufendes Englisch am Juristenlatein meines Gegenübers, verziert mit entsprechendem Urdu-Zungenschlag, zu scheitern drohten.

Das gute alte www half mir aus der Not, so dass ich bald seine Vorschläge zumindest in groben Zügen begriff. Auf seinen Rat hin entschied ich mich, bereits am darauffolgenden Tag beim Session Court ein Verfahren auf Grundlage des mittelalterlichen „Habeas Corpus" einzuleiten. Bei diesem Verfahren wird das Gericht ersucht, ohne viel administrativen Aufwand die einer kriminellen Handlung Angeklagten – also in diesem Fall Irma und ihren Vater – zu verurteilen und im nächsten Schritt die Kinder umgehend an mich zu übergeben. Dies kommt etwa einer von deutschen Gerichten erlassenen einstweiligen Verfügung gleich, ist aber in der Auswirkung viel massiver. Das hörte sich richtig gut und vor allem einfach an.

„Wo sind wir denn hier gelandet, fragte ich meinen Anwalt. Ich dachte wir wollen zum Gericht?" Entsetzt blickte ich auf das, was er wohl als Gericht bezeichnete. Wir standen auf einem öffentlichen Platz, mitten unter Bäumen. Eine riesige Menschenmenge, die einen infernalischen Lärm verursachte, drängte sich auf dem Platz zusammen. „Wer sind denn diese Leute?" fragte ich erschüttert meinen Anwalt. „Das sind alles Leute wie wir, die einen Gerichtstermin haben." Dann sah ich durch die Menschen hindurch ein kleines Gebäude, das nur aus einzelnen Sälen bestand. Der Eingang eines jeden Saals war direkt vom Bürgersteig erreichbar. Ich schaute in einen solchen hinein und sah den Richter etwas erhöht am anderen Ende des Raumes sitzen, während Angeklagte, Kläger und Besucher auf einer an den Wänden entlang gezogenen, U-förmigen Sitzreihe im vorderen Teil saßen. Anwälte saßen in der Mitte des Raumes, sozusagen gegenüber vom Richter. Ich kam mir mehr vor wie auf einem Jahrmarkt. Menschen gingen rein und raus, schrien herum, dann kam mal die Polizei mit mittelalterlich an den Füßen und Händen angeketteten Häftlingen an. „Erhabener Herr!", dachte ich. „Hier muss ich jetzt meine Kinder, deren Aufenthaltsbestimmungsrecht ich bereits in Deutschland über

Kapitel 5 In Pakistan

ein deutsches Gericht erhalten hatte, erkämpfen?" Ich verbot mir den Gedanken, wie wohl die zweite Instanz wohl aussehen möge. Auf einmal waren lautstarke Worte wahrzunehmen, woraufhin die Menschen sich unmittelbar an einer Stelle versammelten. Auch ich eilte dort hin, um mir das Schauspiel näher anzusehen. Ein Häftling war weggerannt, nachdem die Polizei ihn gemäß der Ordnung des Gerichtssaals entfesselt hatte. Wir sahen alle zu, wie der Häftling wegrannte. Der zuständige Polizist bewegte sich nur ein paar Meter, dann blieb er stehen und schrie unbeteiligt: „fangt ihn, fangt ihn!" Also so alt war der nun auch nicht, dass er nicht hinter dem Häftling hätte herrennen können. Aber was soll's, dachte ich mir. Das war nun wirklich nicht mein Problem.

Wir warteten weiter vor unserem Gerichtssaal, bis wir aufgerufen würden. Nach etwa 1,5 Stunden war es dann so weit. Wir gingen hinein, ich nahm Platz und mein Anwalt begann zu sprechen. Währenddessen schaute ich mir die Mimik und Gestik des Richters an und ich dachte: „Wenn ich meine Vorstellung eines korrupten Staatsdieners malen sollte, dann würde ich sein Portrait zeichnen!" Nachdem er sich alles angehört hatte, verließ er seinen Platz und ging in einen Nebenraum, der auch von aussen erreichbar war. Besorgt fragte ich meinen Anwalt, was er denn jetzt machen würde, woraufhin er mir lediglich ein Zeichen gab, dass ich gelassen bleiben sollte. Er machte einen sehr selbstsicheren Eindruck, was mich beruhigte. Nach ein paar Minuten war der Richter dann wieder da und verkündete sein Urteil. Entgegen meiner Befürchtungen erließ er tatsächlich sofort den Gerichtsbeschluss, dass meine geschiedene Frau mit den Kindern am Montag, den 24.09.2007, also bereits zwei Tage später, vor dem Gericht zu erscheinen hatte. Mit überraschender Weitsicht ordnete er gleichzeitig an, dass Irma mit meinen Söhnen von der Polizei von ihrem Elternhaus abgeholt und vorgeführt werden sollte, um etwaige Fluchtgedanken bei der postalischen Zustellung der Anordnung gleich im Keim zu ersticken. „Hoffentlich wohnten sie dort noch", wünschte ich mir. Das war die gute Nachricht, die mich in einen Freudentaumel versetzte. Die schlechte Nachricht war, dass ich in der richterlichen Verfügung vergeblich nach dem Namen von Irma's Vater suchte, der sich ja als Drahtzieher der Entführung erwiesen hatte. Den hatte der Richter vorsichtshalber erst einmal unter den Tisch fallen lassen, was mir zu denken gab.

„Sie müssen dem Richter glaubhaft versichern, dass Sie das Verfahren um jeden Preis in Pakistan zu Ende führen werden. Denn nur unter dieser Voraussetzung und der Prämisse, dass die Kinder offiziell und unter Zeugen erklärten, dass sie bei Ihnen und nicht bei ihrer Mutter leben wollen, wird er Ihnen die Jungen übergeben", riet mir mein Anwalt. Und das tat ich auch mit großer Überzeugungskraft. Ich lüge nicht, aber an dieser Stelle war es absolut notwendig, die Wahrheit geringfügig zu modifizieren. Denn ich muss dazu erklären: wer sich über die Behäbigkeit der deutschen Behörden beschwert, kennt die pakistanische Bürokratie nicht und insbesondere ihre Judikative. Mit anderen Worten: Wir hätten bestenfalls monatelang in Pakistan festgesessen, immer bedroht vom Damoklesschwert der mich jagenden Familie meiner Ex-Frau! Jeder wird verstehen,

Kapitel 5 In Pakistan

dass ich dazu weder Lust noch Zeit und schließlich auch nicht das nötige Kleingeld hatte. So war unser Plan, dass ich noch am gleichen Tag mit den Kindern das Land verlassen würde, unterstützt von meiner Frau in Deutschland, die sich um den unauffälligen Erwerb der E-Tickets kümmern sollte und der Deutschen Botschaft in Islamabad. Ohne Probleme konnten sie meiner Argumentation folgen, dass alle Beteiligten, einschließlich meiner Ex-Frau, deutsche Staatsbürger waren und es somit keinen Grund gab, ein pakistanisches Gericht mit einem exterritorialen Sorgerechtsverfahren zu behelligen. Dass dieser Plan ein kleines bisschen illegal war, spielte für mich keine Rolle. Ich wollte meine Kinder wieder haben und sie in ihre Heimat zurückbringen, und das sofort und vor allem, **mit** ihrem Einverständnis.

Zwischenzeitlich – denn Montag war noch weit – suchte ich meine Kinder in ganz Islamabad, fuhr die Straßen entlang und lief die Märkte ab, in der Hoffung, irgendwo auch nur die geringste Spur von Danial, Adil oder Irma zu finden. Über meine brennende Befürchtung, noch eine Ohrfeige von irgendeiner fremden Frau zu bekommen, erzählte ich Nadia am Telefon. Denn ich starrte jede nicht besonders schlanke Frau an, weil ich Irma suchte.

Am Morgen des 24.09.2007 begann nun das große Kino. Irma sollte mit den Kindern abgeholt und zum Gericht gebracht werden. Es bot sich folgendes Schauspiel: In einer beeindruckenden Wagenkolonne, bestehend aus meinem Auto mit Fahrer, zwei Anwälten in zwei Fahrzeugen, einem doch etwas überdimensionierten Polizeitransporter, sowie Herrn Meier von der Deutschen Botschaft, ebenfalls mit mächtigem Fahrzeug, näherten wir uns der Residenz meines ehemaligen Schwiegervaters. Dieser war offensichtlich völlig überrascht davon, dass ich es überhaupt wagte, in seinem Land vor seinem Haus in dieser Form bei ihm, reich an Geld, Macht und Einfluss, vorstellig zu werden. Denn er kannte mich nur als den eher zurückhaltenden, viel zu europäisierten Schwiegersohn, der, wie er aus Besuchen bei seiner Tochter zu unserer Ehezeit wusste, aus seiner Sicht in bemerkenswert bescheidenen Verhältnissen lebte.

Zunächst rührte sich nichts im Haus. Offenbar erzeugten die vielen Menschen, die sich vor dem Haus versammelt hatten, insbesondere diejenigen, die unzweideutig als Polizisten zu identifizieren waren, eine Art kurzfristige Schockstarre. Doch schnell erkannte man wohl, dass es besser sei, die Tür zu öffnen, als es zu einem Sturm auf das Haus kommen zu lassen. Also tat mein überaus mutiger Ex-Schwiegervater das, was er in brenzligen Situationen immer tat: Er schickte seine keifende Frau vor. Es war ein wirklich groteskes Bild: meine vermeintlich so vornehme Ex-Schwiegermutter stand völlig hysterisch wie ein außer Kontrolle geratenes Waschweib vor ihrem Schloss und überhäufte uns mit allen erdenklichen Schimpfwörtern. Auch vor den Polizeibeamten machte sie nicht Halt: „Und Ihr werdet das hier bereuen! Ich werde dafür sorgen, dass das Euer letzter Einsatz als Polizist war und dass Eure Familien auf der Straße verrecken!" Was sie zu mir sagte, möchte ich an dieser Stelle aus Gründen des Jugendschutzes nicht wiederholen.

Kapitel 5 In Pakistan

Und nun betrat der Herr des Hauses die Szene: Zunächst übertraf er seine Gattin bei weitem an Lautstärke und Fazetten-Reichtum der Schimpfworte, mit denen er uns begrüßte. Die Polizisten zeigten sich erstaunlich unbeeindruckt: „Bitte holen Sie jetzt sofort Ihre Tochter und Ihre Enkelsöhne", wiederholten sie geduldig, völlig ruhig und beherrscht. Als mein Ex-Schwiegervater bemerkte, dass hier nicht gewinnt, wer am lautesten schreit, wechselte er die Taktik. Vordergründig beruhigt und vernünftig, nahm er den Einsatzleiter der Polizei beiseite, um alleine einige Worte von Mann zu Mann mit ihm zu wechseln. Nicht nur hier erwies sich mein bester und teuerster Anwalt als ausgezeichnete Investition, denn zusammen mit Herrn Meier ging er sofort dazwischen, wohl wissend, dass es sich hier nur um einen Bestechungsversuch handeln konnte. Bekanntermaßen hat der eine oder andere unterbezahlte pakistanische Beamte offene Ohren und Hände für solche Angebote, was unter Umständen für mich einen Ausflug in eines der wirklich nicht zu empfehlenden pakistanischen Gefängnisse bedeutet hätte, einen Ausflug ohne Wiederkehr. Denn die Kreativität beim Erfinden von schwerwiegenden Straftaten zum Vorteil des edlen Spenders in einem solchen Fall ist unermesslich. „Das wollen wir doch lieber lassen", sagte mein Anwalt zu ihm, „Sie wollen doch sicher nicht in den Verdacht eines Bestechungsversuches geraten."

Mit einmal mehr, einmal weniger lautstarken Diskussionen zwischen meinen Ex-Schwiegereltern und den Eindringlingen ging der Kampf in die nächste Runde. In all dem orientalischen Chaos kamen meine Anwälte und auch die Polizei immer wieder auf den eigentlichen Grund unseres Besuches zurück: „Wo sind Ihre Tochter und Ihre Enkelsöhne?" „Sie sind nicht da!" so seine im höchsten Diskant gebrüllte Antworte. Ruhig, aber bestimmt informierte ich den immer mehr außer Kontrolle geratenden Hausherren, dass Irma komischerweise vor kurzem noch das Haustelefon beantwortet hatte und fragte, wie er sich das erklären würde. Mein Ex-Schwiegervater war fassungslos: was für eine Ungerechtigkeit widerfuhr ihm hier in seinem eigenen Land, in seinem eigenen Haus, wo er bisher, zumindest diesen Eindruck nach außen erweckend, als unangetasteter Patriarch geherrscht hatte? Was maßten wir uns an? „Diese Schande! Ich bringe mich um!" schrie er mehrfach ins mittlerweile zahlreich gewordenen Publikum. Doch diesen Gedanken schien er schnell wieder zu verwerfen. Vielmehr wandte er sich hasserfüllt an mich und sagte: „Das hier ist nicht Deutschland! Das hier ist mein Land, in dem meine Gesetze herrschen! Und ich gelobe feierlich, dass Du dieses Land nicht lebend verlassen wirst!" Ich fühlte mich, als wäre ich mitten im Schlachtfeld, ja, sozusagen im Dschihad. Und ich erinnerte mich an die verblüffenden Parallelen, die ich mir aus meinem theologischen Selbststudium angeeignet hatte. War es nicht so, dass die aus Judentum, Christentum und Islam bekannten Propheten zusammen mit ihren Gefährten in ähnliche Situationen gerieten, nachdem sie sich von den irdischen Machenschaften losgesprochen und sich ausschließlich Gott zugewandt hatten? Sie wurden verfolgt, verleumdet, misshandelt und manche von ihnen wurden getötet, andere durften sich verteidigen und zogen mit ihren Feinden in den Krieg. Ja, das muss wohl genau der Krieg sein, von dem im Alten und Neuen Testament sowie im Koran

Kapitel 5 In Pakistan

gesprochen wird. Ein Verteidungskrieg, nachdem man Opfer großen Unheils und Unrechts wurde. Nun galt es, standhaft zu bleiben und nicht kehrt auf den Fersen zu machen. War mir doch aus der Theorie heraus bekannt, dass mir ohne den Willen Gottes niemand Leid antun kann.

Um sein Vorhaben sofort in die Tat umzusetzen, rief mein Ex-Schwiegervater seinem Diener zu „Los, hole das Gewehr!", worauf dieser im Haus verschwand. Beunruhigt und hilfesuchend wandte ich mich zu den Polizisten, die jedoch mit bemerkenswerter Gelassenheit die Rückkehr des Dieners erwarteten, ohne sich auch nur zu rühren. So viel war klar: von dieser Seite hatte ich wohl wenig Unterstützung zu erwarten! Der Diener kehrte zurück, aber ohne Gewehr. Dies brachte meinen Ex-Schwiegervater vollends aus der Fassung, denn das war Meuterei! „Hol' endlich das Gewehr, sonst bringe ich Dich auch um!" „Er schrie und tobte und schlug auf den armen Kerl ein, dass es einem Himmel Angst werden konnte."

Also kein Gewehr. Ich holte tief Luft und begann mich, ein wenig zu entspannen. Leider zu früh, denn in diesem Augenblick fiel der geschundene Diener völlig unvermittelt mit Tritten und Fäusten über mich her. Auch jetzt machte das Auge des Gesetzes keinerlei Anstalten, einzugreifen. Nun zog ich meine Krawatte aus und nahm Kampfstellung ein, war mir doch gleichzeitig klar, dass ich während meiner Verteidigung keine sichtbaren Spuren an meinem Gegenüber hinterlassen durfte, da ich sonst bestimmt eine Anzeige wegen Körperverletzung am Hals haben würde. Diese Tugend meiner Gegner war mir ja bereits aus Deutschland bekannt und ich hatte schon gelernt, mit äußertem Fingerspitzengefühl damit umzugehen. Aber da, es kam Hilfe von unerwarteter Seite: Ein scharfer Blick meines Anwaltes, der wohl in der Stadt ein ebenso bekannter wie gefürchteter Mann war, und der Diener ließ von mir ab und zog sich zurück wie ein geprügelter Hund.

Von dieser Szene inspiriert, stieg nun auch mein Fahrer aus seinem Auto aus und eilte zu mir. „Er wollte dich schlagen? Den greife ich mir!", schrie er und war schon dabei, auf den Diener loszugehen, als ich ihn von hinten festhielt. Ich nahm ihn auf die Seite und gab ihm eine Kurzeinweisung. Anstelle eines kopflosen Angriffes wollte ich ihn vielmehr dafür gewinnen, auf die Rückseite des Schlosses zu fahren und dort Wache zu schieben, um einen möglichen Fluchversuch von Irma zu verhindern. Er tat es mit Vergnügen und machte sich gleich an die Arbeit. Dann stellte ich mich an eine erhöhte Stelle, schaute durch die Fenster in den Wohnbereich hinein und rief unaufhörlich meine Kinder. „Danial! Adil! Ich bin gekommen. Habt keine Angst, wir holen euch dort, so Gott will, so schnell wie möglich heraus!" Der Diener hatte durch seine Aktion meinen Adrenalinspiegel deutlich in die Höhe gejagt, sodass ich in diesem Moment wirklich am liebsten Gebrauch des Waffenarsenals meines Onkels gemacht hätte, um die Kinder dort herauszuholen. Doch mein Anwalt brachte mich ganz schnell wieder herunter, bat mich sogar, dass ich mich in mein Auto setze, bevor es nun wirklich mit den Kugeln losging. So schwer wie es mir auch fiel, folgte ich seiner Bitte, nachdem mein Fahrer ohnehin wieder zurückgekehrt war, weil ihm bewusst wurde, dass es auf

© 2012, Rukhsar-Verlag

Kapitel 5 In Pakistan

der anderen Straßenseite gar keinen Zugang zu diesem Schloss gab. „Es sind noch weitere Häuser zwischem diesem und der Straße", sagte er ganz enttäuscht.

Noch immer waren wir bezüglich des eigentlichen Grundes unseres Besuches keinen Schritt weiter. Mein Ex-Schwiegervater behauptete gebetsmühlenartig, dass seine Tochter und Enkel nicht im Haus seien. „Lassen Sie uns rein, damit wir uns selbst überzeugen können", forderten ihn die Beamten auf. Lieber wäre er als Märtyrer gestorben. Da die Polizeieinheit, wie zu erwarten war, keinen Hausdurchsuchungsbefehl mit sich führte, mussten meine Anwälte zunächst zum Gericht zurückkehren, um einen solchen zu erwirken.

Während meine Anwälte unterwegs waren, blieb ich in meinem Auto vor dem Schloss zurück. Herr Meier war mit meinem Ex-Schwiegervater im Gespräch und die Polizei war ebenfalls weiterhin gegenwärtig. Auf einmal sah ich, wie sich der Diener unserem Fahrzeug näherte. Wieder stand die Polizei einfach nur da und schaute tatenlos zu. „Was will denn der von uns?", fragte ich meinen Fahrer. „Nicht, dass der jetzt noch eine Knarre in der Hand hat und den Auftrag seines Herren ausführen will." Sofort stieg mein Fahrer aus dem Auto aus, woraufhin der Diener gleich verschwand. Nach einigen Minuten wiederholte sich das Gleiche, und wieder stieg mein Fahrer aus und der Diener machte kehrt auf seinen Fersen. Dieses Mal ging er aber hinterher und verschwand nach einem kurzen Augenblick hinter der Mauer des Schlosses. Minuten vergangen, aber nichts geschah. Jetzt war auch noch mein Fahrer weg und hatte den

Autoschlüssel mitgenommen. Was soll ich denn tun, wenn der Diener wieder kommt? Der kann mich ja jetzt einfach erschießen. So blöd wie die Polizisten, die dort stehen, sind, kriegen die das ja nicht einmal mit. Diese Gedanken wirbelten durch meinen Kopf, als ich meinen Fahrer kommen sah. Ganz gelassen erzählte er mir, „der Diener wollte sich wegen seiner Aktion bei Ihnen entschuldigen." Ich war äußerst skeptisch. „Er hatte wohl in den Gesprächen mitbekommen, dass Sie der Vater dieser beiden wunderbaren Kinder seien. Das wurde ihm von seinem Hausherren nicht erzählt. Er dachte, Sie seien einer der vielen Geschäftsleute, die seinen Hausherren ständig betrügen und dann auch noch Geld von ihm wollen", fügte mein Fahrer an. Er hatte dem Diener zugesichert, seine Entschuldigung an mich heranzutragen, ohne dass dieser sich nun dem Auto nähere. Dabei blieb es dann aber auch.

Erstaunlicherweise hatten meine Anwälte sofort beim zuständigen Richter Erfolg, der gleichzeitig anordnete, dass ich bei der Durchsuchung zugegen sein dürfte und dass alle Beteiligten, diesmal einschließlich meines Ex-Schwiegervaters, umgehend vor Gericht zu erscheinen hätten. Die Tatsache, dass ich sein Haus betreten durfte, brachte meinen ehemaligen Schwiegervater erneut in Infarktnähe. „Wenn Du einen Fuß in mein Haus setzt, bist Du ein toter Mann, das schwöre ich", brüllte er und fügte noch an, dass sei nicht das Haus meines Vaters. Trotz aller Theatralik hatten wir Grund zu der Annahme, dass er es ernst meinte und deshalb fand die Hausdurchsuchung in meiner Abwesenheit statt. Auf Wunsch von Herrn Meier und meines Anwalts, keine Auseinandersetzungen herauszufordern, da zu

Kapitel 5 In Pakistan

diesem Zeitpunkt die Kinder wichtig seien, blieb ich im Auto zurück. Doch vorher erzählte ich ihnen noch von der Dunkelkammer, die sich versteckt hinter den Treppen unter dem Boden befand. Ich kannte diese aus meiner Ehezeit und traute es ihnen zu, notfalls die Kinder dort zu verstecken. Während der Durchsuchung nahm die Intention meines Ex-Schwiegervaters eine neuerliche Wendung: „Bevor ich die Kinder an diesen Versager übergebe, wird ihre Mutter sie und dann sich selbst erschießen, dafür werde ich sorgen. Und wenn sie sich weigert, werde ich alle selbst töten", sagte er, plötzlich ganz ruhig und ernsthaft.

Die Ruhe hielt nicht lange an, denn schon denunzierte er mich in aller Öffentlichkeit als islamischen Fundamentalisten und dieses Mal fiel sogar der Begriff „gefährlicher Terrorist", was in Pakistan eine nicht zu unterschätzende und gerne von den Behörden verfolgte Anschuldigung ist. „Meine Tochter hat schon einen Brief an den amerikanischen Präsidenten George W. Bush (siehe Abbildungen 5.1 bis 5.3 auf den Seiten 83–85) geschrieben. Schließlich müssen die Welt und meine Enkel vor ihm geschützt werden! Bush weiß jetzt Bescheid über den da und wird ihn exekutieren!"

Mein Anwalt war auf einmal äußerst besorgt, dass Herr Meier sich vielleicht nicht doch durch diese ungeheuerliche Aussage beeinflussen ließe. „Als Pakistaner weiß ich, dass dies nur ein Ablenkungsmanöver ist, aber die Europäer sind solch scharfe Polemik nicht gewohnt", sagte mein Anwalt zu mir. „Wie kommt er denn auf den Gedanken, Ihnen so etwas zu unter-

Irma Khan
Sector F100 / Stroot Numer 120
House Number 250
Islamabad
Pakistan

Dated: September 24, 2007

GEORGE W. BUSH
President of United States of America
The White House
1600 Pennsylvania Avenue NW
Washington, DC 20500

Honorable Sir,

I take this liberty to apprise you few facts and figures against terrorism activities. I want to bring in your kind knowledge that the terrorist group in Germany with an aim to destroy the America and there bases in the world that in particularly in the interest of American Nation and American Government.

1. That, the person name Rukhsar Khan (The Raspondent – Ex Husband of Irma Khan) organized a group including Ali Khan, Haider Khan, Sabreena Khan, Danish Khan, Zulfikar Khan, Ehtisham Latif and their mastermind friend Mururet from Bosnia. Who have links with Taleban in Afganistan. The respondent pressurizes the petitioner (Irma Khan) to join their group actively. His vital aim was to build a Tech Laboratory to destroy American bases.

2. That, the petitioner (Irma Khan) was married a respondent (Rukhsar Khan) on January 03, 1995. That, the Petitioner after marriage shifted/moved to Germany along with the respondent (Rukhsar Khan) because the respondent was settled in Republic of Germany as its citizen and started matrimonial life there with the respondent.

Abbildung 5.1: Irma's Brief an George W. Bush

Kapitel 5 In Pakistan

3. On denial to join their group of terrorist the respondent gave divorce to the petitioner on February 09, 2007. During their marriage life the petitioner had born two children namely Danial Khan & Adil Khan.

4. That, during their marriage life both the children were being taught on terrorism by the respondent and the respondent. Both the children are minor and they don't have any sense to judge the right or wrong at these small ages.

5. That, then the petitioner lodges a case in police at Germany for the Justice, both the kids (Danial Khan & Adil Khan) are absolutely minor and are not aware about their well wisher and welfare. The mother (Irma Khan - Natural Guardian) is filing this petition for the best interest of the future of the minors.

6. That, the petitioner came to know that the respondent is having links with some organization which are directly involved in extremism and there was great apprehension that the respondent might indulge in terrorist activities and also to raise the children on that basis and the respondent openly said to the petitioner that the respondent wanted to destroy American bases in Republic of Germany and America.

7. That, the respondent uses to restrict the movements of the petitioner and also started beating the petitioner and forces her to join the terrorist group. The respondent is also running an underground organization for this purpose, also using back money from different sources. For which the petitioner lodged a complaint in police station in Republic of Germany.

8. That, the father of the respondent is also very extremist and fundamental religious minded person who is involved in these activities. Also giving training to teenagers by running an organization with the name of Ehsa Dara-ul in Germany.

9. That, the petitioner is having so many CDs and pictures of the activities/training of terrorism just to support the version of the petitioner and also having the map of the building where the respondent and his colleagues

Abbildung 5.2: Irma's Brief an George W. Bush

wanted to build a Tech laboratory to destroy targets of western countries, particularly US bases. The petitioner is having pictures of the respondent while he teaches the kids for the terrorism.

10. That, the respondent is teaching the German Police and Army, is having so many secrets about the German setup. This all is being mentioned just to save the world from these terrorists program and to save the future, life of the minor sons of the petitioners.

11. That, due to the activities and the reason mentioned herein above, the petitioner got divorce from the respondent through court of law in Germany and came back to Pakistan along with the minors to save them from making them terrorist by the respondent.

12. That, the respondent may come to Pakistan and get the children back for teaching them terrorism techs against America.

PRAYER

Under the circumstance it is therefore, respectfully prayed that this petition for declaration, appointment of the petitioner as guardian of her minors be accepted and the respondent be restrained from illegal removing of and taking custody of the children by force in any manner whatsoever from the custody of the petitioner in the interest of justice as well as welfare of the minors just to secure bright future of the children.

Copy To:

American Embassy Pakistan
German Embassy Pakistan
German Government
World Human Rights Organization

Abbildung 5.3: Irma's Brief an George W. Bush

Kapitel 5 In Pakistan

stellen?" Ich erklärte ihm ein paar Hintergründe, insbesondere über das Scheitern seiner Tochter mit derartigen Behauptungen vor den deutschen Gerichten. Er bat mich darum, auf jeden Fall Herrn Meier zu informieren, dass dieser Versuch bereits in Deutschland unternommen wurde und gescheitert sei. Seine Sorge hatte mein Anwalt erfolgreich auf mich übertragen, denn als ich zu Herrn Meier aufschaute, nahm ich skeptische Blicke wahr und konnte plötzlich Zurückhaltung in seinem Gesicht erkennen. Mein Anwalt fügte noch an, dass in Fällen, wenn es tatsächlich um verdächtige Personen ginge, der amerikanische Geheimdienst – natürlich in Kooperation mit der pakistanischen Exekutive – mit seinem Flieger einfach auf pakistanischem Boden landet und abschleppt, wen er abschleppen möchte. Und das Ganze natürlich ohne Prozess. „Also diese Unterstellungen sind keineswegs auf die leichte Schulter zu nehmen, Herr Khan! Tun Sie bitte, was ich Ihnen gesagt habe, und erklären Sie das in der deutschen Botschaft für null und nichtig." Ich erstarrte. Hatte ich doch diese Aussagen vorher in Deutschland nie ernst genommen, da ich ein völlig unbeschriebenes Blatt war, wurde mir in diesem Moment bewusst, welcher Gefahr ich ausgesetzt war.

Diesen Brief habe ich übrigens im Jahr 2012 tatsächlich in der Akte der Staatsanwaltschaft gefunden. Da ich immer noch hier und nicht in Guantanamo Bay lebe, gehe ich davon aus, dass Herr Bush mich für den allergefährlichsten Terroristen gehalten hat, der besser in seinem Heimatland bleibt, bevor er seine Infrastruktur der Gefahr meiner Anwesenheit aussetzt. Ebenso wenig ernst genommen wurden die Anschuldigungen meines Ex-Schwiegervaters von der Polizei, da dieser sich durch sein und das Verhalten seiner Gattin selbst disqualifiziert hatte.

Wie zu erwarten, gab es im Haus keine Spur von Irma und den Jungen. Natürlich hatte sie die Gunst der vielen Stunden und das langwierige Hin- und Her genutzt, um sich vermutlich durch den Hinterausgang mit den Kindern abzusetzen. Wahrscheinlich hatten sie Hilfe von Nachbarn in Anspruch genommen. Uns war mittlerweile ja klar, dass es keinen direkten Ausgang von hinten gab.

Unverrichteter Dinge folgten wir der richterlichen Anordnung und fuhren wieder in großer Kolonne zum Gericht, wo mein Ex-Schwiegervater exakt an der Stelle weitermachte, an der er in seinem Haus aufgehört hatte. Der Richter war von seinem Verhalten überhaupt nicht begeistert und erteilte ihm, zu seinem völligen Unverständnis, eine herbe Abmahnung. Er befragte ihn sehr ernst nach dem Verbleib seiner Tochter und Enkel. „Ich habe wirklich keine Ahnung, Herr Richter. Meine Tochter ist schließlich eine erwachsene Frau, über deren Schritte ich nicht mehr zu wachen brauche. Dies ist doch ein freies Land und sie kann hingehen wo sie will, oder etwa nicht?"

Mit unschuldigem Blick nahm er zur Kenntnis, dass aus dem Richter vorgelegten Polizeibericht eindeutig hervorging, dass er und seine Frau so tief in diesen Fall verwickelt seien, wie es tiefer gar nicht ginge. Da dem Richter klar war, wie sich Fälle dieser Art entwickeln, gab er der Familie eine Chance

Kapitel 5 In Pakistan

und ordnete die Anhörung der Eltern für den 27.09.2007 bei Gericht an, mit der Auflage, Irma und die Kinder mitzubringen.

Ich war völlig erschöpft. Dieser ebenso wahnsinnige, wie erfolglose Tag nahm sein Ende in dem Wechsel des Hotels, den mir mein Anwalt dringend angeraten hatte, da meinen Ex-Schwiegereltern mein Aufenthaltsort nun durch den Schriftwechsel im Gerichtsprozess bekannt war und ich mir somit meines Lebens nicht mehr sicher sein konnte. Ein durchschnittlicher Auftragskiller in Pakistan ist für nicht einmal €5.000 zu haben, eine Summe, die mein Ex-Schwiegervater leicht aus der Portokasse bezahlen konnte. Also packte ich meine Sachen und zog um. Als ich am Abend allein in meinem Hotelzimmer war, wurde mir sehr klar, dass sich nun, da sich unser schöner Plan in Luft aufgelöst hatte, mein Aufenthalt hier unbestimmt verlängern und sicher nicht der letzte sein würde.

Etwa drei Tage hatte ich jetzt Zeit, mir über das Vergangene und das noch Kommende Gedanken zu machen, bis es mit der nächsten Gerichtsverhandlung weiterging. Ehrlich gestanden musste ich überhaupt erst einmal in Ruhe verarbeiten, was passiert war. Die Galgenvögel, mein Onkel, die endlosen Gespräche mit der deutschen Botschaft und meinem Anwalt zur Abstimmung der Vorgehensweise und dann der heutige Tag im Schlachtfeld. Toll fand ich, dass zu dieser Zeit Ramadan war. Eine Zeit der Besinnung, wozu ich eigentlich ja kaum Gelegenheit hatte. Doch trotz des „Drunter und Drübers" konnte ich die Momente vor Anbruch des Morgengrauens sowie die des Sonnenuntergangs nutzen, um mich geistig und seelisch zu stärken. Auch tagsüber fühlte ich mich, trotz des Lebensmittelverzichts, nie geschwächt. Denn der Sinn des Fastens ist ja gerade, ununterbrochen im Gottesdienst und somit in tiefer Verbundenheit mit Gott zu sein. Genau das konnte ich geradezu gebrauchen.

Oft fuhr ich in diesen Tagen wieder die Straßen und Märkte ab, fuhr an Irma's beiden Elternhäuser vorbei, in der Hoffnung, meine Kinder wieder zu sehen. Doch von ihnen fehlte jede Spur. Ich hatte die Hoffnung, dass sie sich bald wieder auf meinem unter deutscher Nummer erreichbarem Handy melden, welches ich absichtlich trotz hoher Gesprächsgebühren neben meiner neuen pakistanischen Nummer an hatte, doch vergebens. Dann hatte ich natürlich auch Zeit, mal ein wenig abzuschalten, sofern es ging, und mich in Islamabad nach anderem umzuschauen, meinen Onkel zu besuchen und auch mal in eine Moschee zu gehen. Wie so oft in der Vergangenheit stimmte es mich traurig, wenn ich darüber nachdachte, dass dieses Land eigentlich viel weiterentwickelt sein könnte, wenn die Menschen ihre Einstellung ändern würden.

„Wenn die Pakistaner sich als erstes doch an nur zwei Verse aus dem Koran halten würden, den sie ja angeblich so hochhalten", dachte ich mir, „dann würde es ihnen bestimmt viel besser gehen." 1) „...und wir haben den Menschen zum Anstrengen erschaffen..." und 2) „...und seid gerecht, auch wenn es gegen euch selbst ist..." Durch 1 würden sie sich viel mehr

Kapitel 5 In Pakistan

bemühen und durch 2 würden sie von der Korruption wegkommen. Dabei behaupten sie, dass es ein islamisches Land sei.

Apropos Korruption, da fällt mir doch gerade etwas ein. Der Richter kam mir sehr korrupt vor, und auch die Polizisten schienen mir ihm darin nicht im Geringsten nachzustehen. Wie kam es dann dazu, dass mein Anwalt fast alle unserer Anträge durchsetzen konnte? Hmm,...? War er vielleicht deswegen so außerordentlich teuer, damit er vielleicht in diesem korrupten System seinen Mandanten durch gezielte Spenden weiterhelfen konnte? Immerhin kostete er mich mehr als das Doppelte eines in Deutschland ansässigen Anwalts und ließ sich sogar direkt in Euro ausbezahlen. Das machte mich nun schon stutzig.

Die nächste Anhörung verschob sich wegen irgendwelchen Streiks um einen Tag und verlief fast ohne Überraschungen, außer, dass sich meine Ex-Schwiegereltern wider Erwarten einigermaßen menschlich verhielten, was sicherlich der Intervention ihres Anwalts zu verdanken war, der ihnen klar gemacht hatte, dass Lautstärke und denkbar schlechtes Benehmen zu ihren Ungunsten ausgelegt werden könnte. Irma und die Kinder waren natürlich nicht anwesend, ihre Eltern wussten immer noch nicht, wo sie sich aufhielten und nach wie vor zeigten sie keinerlei Unrechtsbewusstsein, was ihre Beteiligung an der Entführung ihrer Enkelkinder betraf. Der Richter setzte einen, sicher auch aus seiner Sicht, rein prophylaktischen Termin für den 02.10.2007 fest, wieder mit der Maßgabe, dass die Eltern Tochter und Enkel mitzubringen haben. Mein Ex-Schwiegervater nickte höflich und schenkte mir ein hämisches Grinsen, so dass allen Anwesenden klar war, wie sich dieser Termin vollziehen würde. Das Rennen war gelaufen. Durch seinen boshaften Blick wusste ich sofort, was für ein hinterhältiges Spiel sie spielten und ich wusste sofort, dass die Kinder nie im Gericht erscheinen werden. Es war offensichtlich: Irma war mit meinen Söhnen untergetaucht.

Hilflos und deprimiert ging ich wieder ins Hotelzimmer zurück. Das war ein heftiger Schlag für mich. Kein einziges Mal hatte ich vor und während dieser Befreiungsreise das Gefühl, erfolglos zu sein. Nadia versuchte mich mehrmals zu erreichen. Ich schilderte ihr die Situation kurz und knapp, aber für eine ausführliche Geschichte war ich zu niedergeschlagen. Sie merkte sofort, dass ich Trost brauchte und rief ihren Vater an. Eine halbe Stunde später stand er vor meiner Hoteltür. Um ehrlich zu sein, wollte ich lieber alleine bleiben und keine Gesellschaft haben. Er bat mich höflich, mit ihm zu gehen. Ich stieg mit ihm ins Auto, ohne zu fragen, wohin die Reise ging. Auf dem Weg lobte er meinen Mut und Einsatz für meine Kinder und machte mir klar, dass Irma meine Söhne niemals für immer in irgendeinem verschlossenen Zimmer festhalten und unterdrücken kann. „In Pakistan ist es leichter, Töchter zu unterdrücken, als Söhne", erklärte er mir, „Ich habe selbst vier erwachsene Söhne und weiß ganz genau, wie sie sich durchsetzen können. Außerdem hat doch der Anruf von Danial und Adil bestätigt, dass sie nicht tatenlos bleiben, sondern dafür kämpfen, aus dieser Hölle zu entkommen." Als er sah, dass ich wie eine Leiche ne-

Kapitel 5 In Pakistan

ben ihm saß, fuhr er fort. „Ich bin stolz auf dich, mein Junge! Endlich einmal in unserer Familie ein mutiger Mann, der sich nicht alles gefallen lässt." Nun rührte ich mich ein wenig und lächelte ihm freundlich zu, in der Befürchtung, er könnte sonst sauer auf mich werden.

„Wir sind da!", sagte er und ich erwachte aus meinen Gedanken. Ich konnte kaum glauben, was ich da sah. Eine wunderschöne Landschaft erstrahlte um mich herum. Von dort aus sah ich einen in der Mittagssonne glänzenden Fluss, umgeben von dunkelgrüner Wiese. Die erfrischende und reine Luft gab meinen Gedanken freien Lauf. Ich konnte mich bei meinem Onkel nicht genug bedanken, es war eine herrliche Aussicht. Wir aßen dort gemeinsam, schwätzten ein wenig und dann fuhren wir weiter, „wohin auch immer", dachte ich mir. Wir kamen an einem seltsamen Ort an, der mich erst weniger begeisterte, als der vorherige. Wir stiegen aus und mein Onkel machte den Kofferraum auf. „Um Gottes Willen, was hat er vor?" Ich sah sein Waffenarsenal. „Du wirst doch hoffentlich in diesem Wald nicht die Kinder suchen wollen", fragte ich ihn ganz vorsichtig. Er grinste und zeigte zu einem Baum. Was sollte ich mit diesem Baum anfangen? Er griff zu einem Gewehr und schoss auf diesen Baum. „Das ist der natürlichste Schießübungsplatz der Welt, mein Freund! Los, nimm das und treff genau die Mitte!" Wow, dachte ich mir. So schlecht ist dieser Platz nun wirklich nicht. Ich nahm das Gewehr, zielte und schoss. Er starrte mich an. Dann lief er zum Baum und schüttelte fassungslos den Kopf. „Mach das nochmal", sagte er und ich tat es wieder. Erneut ging er zum Baum und war völlig außer sich. „Wo in aller

Welt hast du schießen gelernt? Du triffst ja besser als ich". Ich lächelte und zwinkerte ihm mit dem Auge zu und sagte, „wenn man das deutsche Militär und die Polizei ausbildet, sollte man doch mindestens auch schießen können, oder?" Und noch bevor er mir die nächste Frage stellte, die ich mir mit fast hundertprozentiger Sicherheit schon ausdenken konnte, beantwortete ich sie mit „im Schießsportverein!" Und so verbrachten wir den späten Nachmittag, bis es dunkel wurde. Eine Waffe nach der anderen probierte ich aus. Gut, dass das wirklich ein Schießübungsplatz war, und wir den Baum nicht direkt anschossen. Sonst hätte der mir wirklich leid getan. Denn ich ballerte teilweise wie ein Verrückter meinen Frust heraus. Es machte mir ungeheuerlich viel Spaß und mein Onkel hatte sein Ziel erreicht. Er hatte wieder einen aufgebauten, völlig begeisterten Schwiegersohn bei sich. Auf der Rückfahrt sagte er grinsend zu mir, „Also hättest du doch Selbstjustiz betreiben können." Ich grinste ihm ebenfalls zu, ohne auf seine Aussage zu antworten. Aber eigentlich wollte er auch gar keine Antwort, sondern machte wirklich nur Spaß. Ich bedankte mich sowohl bei ihm, als auch bei Nadia für diesen wunderschönen Ausflug. Seine Worte halfen mir auf jeden Fall, mich zu beruhigen und bekräftigten mich.

„Was soll ich tun?", fragte ich am nächsten Tag meinen Anwalt und Herrn Meier. Zum hundertsten Mal steckten wir die Köpfe zusammen, um alle möglichen und unmöglichen Wege zu diskutieren. Wir entschieden uns für drei Ansätze.

1) „Wir brauchen einen internationalen Haftbefehl über die

Kapitel 5 In Pakistan

deutsche Justiz gegen Ihre Ex-Frau, der dann über Interpol in Pakistan vollstreckt werden kann. Wenn sie in Haft genommen wird, bekommen Sie die Kinder vollautomatisch", schlug Herr Meier vor. Also gut. Nadia und mein deutscher Anwalt begannen mit Feuereifer, die Anzeige gegen Irma, die mittlerweile der Kriminalpolizei vorlag, so schnell wie möglich der Staatsanwaltschaft Frankfurt zugänglich zu machen. Nachdem wir endlich ein entsprechendes Aktenzeichen von der Staatsanwaltschaft erhalten hatten, schickten sowohl Herr Meier von der deutschen Botschaft über den Amtsweg, als auch ich das folgende Schreiben an seinen Namensvetter von der Staatsanwaltschaft Frankfurt, in dem wir Brisanz und Dringlichkeit der Angelegenheit schilderten:

Rukhsar Khan
Adresse und
Telefonnummer
in Deutschland

Staatsanwaltschaft Frankfurt
Herr Meier

Datum: 27.09.07

Betreff: Entführung der beiden deutschen Kinder Danial (12 Jahre) und Adil (9 Jahre) Khan von Deutschland nach Pakistan

Sehr geehrter Herr Meier,

es handelt sich hier um einen Fall der Kindesentführung meiner beiden o. g. Kinder, die in Deutschland geboren und aufgewachsen sind und aufgrund meiner deutschen Staatsangehörigkeit auch die deutsche Staatsangehörigkeit besitzen. Sie wurden Anfang August 2007 von ihrer Mutter Irma Khan (ebenfalls deutsche Staatsangehörige seit Anfang 2007, Reisepassnr. xxxxxxxxx) und ihrem Opa mütterlicherseits über das Vereinigte Königreich nach Pakistan entführt, nachdem das Aufenthaltsbestimmungsrecht Anfang Juli 2007 endgültig auf mich übertragen wurde (Amtsgericht Weilburg, Familiengericht, Aktenzeichen xx F xxxx/xx yy). Im Eilverfahren habe ich am 13.09.07 einen Herausgabetitel der beiden Kinder über das Amtsgericht Usingen (Familiengericht, x F xxx/xx yyyy) erhalten. Daraufhin bin ich am 18.09.07 nach Pakistan geflogen, um den Herausgabetitel in Pakistan gerichtlich durchzusetzen und die Kinder wieder zurückzuerhalten. Nachdem ich nun in Pakistan angekommen bin, bekam ich ernsthaft zu spüren, dass hier andere Sitten herrschen. Sowohl mein persönliches Leben als auch das Leben meiner beiden Kinder befindet sich in höchster Gefahr. Ich bitte die deutschen Behörden, schnellstmöglich etwas zu unternehmen, da hier jeder einzelne Tag ein Kampf ums Überleben ist. Morddrohungen und körperliche Angriffe stehen auf der Tagesordnung. Herr K. Meier von der deutschen Botschaft in Islamabad

Kapitel 5 In Pakistan

ist Zeuge darüber und wird dieses Schreiben auch als Zeuge unterschreiben.

Am 22.09.07 habe ich im Gericht,

Section 151, Criminal Procedure Court of Pakistan, Sessions Court, Honorable Mr. Judge xxxxxx yy zzzzzz, F8 Markaz, Islamabad, Pakistan,

ein Verfahren der Art „Habeas Corpus" gegen Irma Khan, ihrem Vater und ihrer Mutter eingeleitet. Eine Referenznummer gibt es in diesem Gericht nicht. Das Verfahren wird unter der folgenden Bezeichnung geführt:

Rukhsar Khan versus Irma Khan, etc.

Bei diesem Verfahren wurde das Gericht darum gebeten, die o. g. Täter aufgrund einer kriminellen Handlung (Illegal Confinement) zu verurteilen und die Kinder an mich auszuhändigen. Ein Gerichtsbeschluss wurde sofort vom Richter erlassen, der zunächst die Angeklagte Irma Khan zusammen mit den beiden Kindern zum 24.09.07 in das Gericht bestellte. Da die Gefahr bestand, dass bei Zustellung dieser Anordnung auf dem Wege der Post die Angeklagte verschwinden könnte, wurde eine Anordnung erlassen, dass Frau Irma Khan zusammen mit den Kindern am 24.09.07

um 8:30 Uhr von der Polizei abgeholt und in das Gericht gebracht werden soll. An diesem Ereignis partizipierten die Polizei, Herr K. Meier von der deutschen Botschaft in Islamabad, meine Anwälte und ich. Bei Antreffen der Residenz von Irma Khan (in ihrem Elternhaus) am 24.09.07 eskalierte die Sache fast. Fälschlicherweise behaupteten ihre Eltern zunächst, sie sei nicht zu Hause. Ich hatte jedoch kurz davor auf ihrem Haustelefon angerufen und sie hob ab. Ihr Vater scheute nicht davor, vor dem o. g. Publikum mehrfach zu erwähnen, er werde mich umbringen. Er befahl seinem Diener das Gewähr zu holen, damit er mich umbringen kann. Dieser widersprach allerdings seiner Anordnung. Allerdings hatte sein Diener auf seinem Befehl mich in Gegenwart aller genannten Personen handgreiflich angegriffen.

Nachdem der Vater von Irma Khan angab, dass seine Tochter nicht zu Hause sei, bat die Polizei ihn um eine Hausdurchsuchung. Er ließ es allerdings nicht zu, da die Polizei keinen Hausdurchsuchungsbefehl hatte. Meine Anwälte gingen anschließend zu Gericht um einen entsprechenden Durchsuchungsbefehl zu erhalten. Dieser wurde vom Richter sofort genehmigt. Per Gerichtsbeschluss wurde angeordnet, dass auch ich während der Hausdurchsuchung mit der Polizei das Haus betreten darf. Ihr Vater ließ dies jedoch nicht zu. Er drohte wieder, dass er mich erschießen werde, wenn ich sein Haus betrete. Daraufhin hatten die

Kapitel 5 In Pakistan

> Polizei und meine Anwälte mich aus Sicherheitsgründen davon abgehalten, sein Haus zu betreten. Herr K. Meier, mein Anwalt und die Polizei gingen in das Haus. Wie allerdings erwartet, war Frau Irma Khan jedoch zusammen mit den Kindern bis zu diesem Zeitpunkt bereits verschwunden. Vermutlich durch die Hinterseite des Hauses. Während der Hausdurchsuchung sagte ihr Vater zur Polizei, zu Herrn K. Meier und zu meinem Anwalt unmissverständlich zwei Mal, dass bevor seine Tochter die beiden Kinder dem Kindesvater aushändigen werde, sie beide Kinder und auch sich selbst erschießen werde. Er werde dann den Kindesvater erschießen. Weiterhin sagte er, dass falls seine Tochter die Kinder nicht erschießt, er es eigenhändig tun wird.
>
> Aus dem Polizeibericht, der dem Gericht übergeben wurde, geht nun hervor, dass keine Zweifel bestünden, dass die Eltern von Irma Khan voll und ganz in diesem Fall mit verwickelt seien. Irma Khan hat vor den pakistanischen Behörden die Anschrift ihrer Eltern als ihre eigene Anschrift angegeben. Daraufhin ordnete der zuständige Richter eine Anhörung der beiden Eltern zum 27.09.07 im Gericht an. Diese Anhörung wurde heute aufgrund einer politischen Krise und eines Streiks der Anwälte auf den morgigen Tag verlegt.
>
> Es ist klar zu erkennen, dass sowohl mein Leben als auch

das Leben meiner beiden Kinder sehr gefährdet ist. Hierfür stehen viele Zeugen zur Verfügung. Mein Anwalt hat mir gesagt, dass ein internationaler Haftbefehl gegen Irma Khan, der über die Interpol in Lyon auch in Pakistan Rechtsgültigkeit hätte, sehr helfen könnte. Dies würde dazu führen, dass die mittlerweile deutsche Staatsbürgerin direkt ohne weiterer gerichtlicher Maßnahmen in Pakistan inhaftiert und nach Deutschland ausgeliefert werden könnte. Eine bessere Möglichkeit, den deutschen Herausgabetitel in Pakistan durchzusetzen, gibt es laut meinem Anwalt nicht. Auch wenn sie versuchen sollte, aus Pakistan zu fliehen, sollte man durch einen internationalen Haftbefehl in der Lage sein, sie an irgendeinem Flughafen auf dieser Welt zu inhaftieren. Da ihre Eltern, die sie voll und ganz finanziell und mental unterstützen, pakistanische Staatsbürger sind, versuchen wir, diese über die pakistanische Justiz inhaftieren zu lassen.

Meine Bitte an die deutschen Behörden ist nun, diesen Fall mit der HÖCHSTEN PRIORITÄT zu bearbeiten. Denn wenn sich hier bald nicht etwas tut, wird viel Blut fließen.

Mit freundlichen Grüßen

Rukhsar Khan

Kapitel 5 In Pakistan

> Herr K. Meier (Zeuge 1)
>
> Herr Anwalt (Zeuge 2)

2) Mein Anwalt erwog, eine Petition an den pakistanischen Innenminister aufzusetzen und persönlich zu übergeben. Wie durch ein Wunder gelang es Nadia von Deutschland aus tatsächlich, nach vielem Hin- und Her einen Termin bei ihm zu bekommen. Folgendes Schreiben übergab ich ihm persönlich:

> Rukhsar Khan
> Adresse und
> Telefonnummer
> in Deutschland
>
> Honourable Minister of Interior
> Mr. xyz
> Ministry of Interior,
> Pakistan Secretariat, Islamabad
> Pakistan
>
> Date: 02.10.2007
>
> Subject: Kidnapping case of two German national male

minors, namely Danial Khan (12 years) and Adil Khan (9 years)

Your Excellency,

I am now forced to bring the kidnapping case of my above mentioned children to your honourable knowledge because I could not achieve anything through the judicial system of Pakistan. The two minors were illegally removed/kidnapped by their mother Irma Khan (my ex-wife, Pakistani national with German citizenship since this year) and her father in August 2007 from Germany through UK to Pakistan, shortly after she had lost the custody case in Germany. There exists a German court order, which states, that the custody of the children be transferred to me and that I can decide, where the children will reside. Irma Khan had also obtained the children's german passports with my forged signature but later the case was proved against her by the Criminal Police in Germany hence the passports of both the children were cancelled by the criminal police. Yet she did not surrender the passports. It was not possible for her to fly from Germany where the passports had been declared invalid. Therefore she took the children by car to UK and from there she flew to Pakistan.

Irma Khan, the mother had only visitation rights, which she misused to illegally remove the children from Germany

Kapitel 5 In Pakistan

to Pakistan. She was assisted and abetted by her father in this crime. Both are currently residing at House xx, yyy Road, Islamabad (Tel. aaaabbbb). Furthermore, there is now another German court order, which states, that the children have been kidnapped from Germany to Pakistan by their mother Irma Khan and should be surrendered to their father, namely myself Mr. Rukhsar Khan (German national).

About 2,5 weeks ago I came to Islamabad and filed a case under Section 151, „habeas corpus", in the Sessions Court of Honourable Judge Mr. xxxxx yy zzzzz, F-8 Markaz,. Since 1,5 weeks, I have had to appear in the court on almost every day.

My elder son Danial Khan had called me from the above residence number of Irma Khan and her parents and requested me to help him get out. Danial had also called the German Embassy (who is ready to witness this as it is in their records) from the same landline number. Therefore I was certain that she is residing with the children at her parent's house.

I arrived in Pakistan with the german court orders and on advice of the Embassy of Germany filed a court case. The Sessions Judge, Islamabad immediately ordered the police to pick her up together with the children and bring them to the court for a hearing. With the police, a representative of the German Embassy (Mr. K. Meier), my lawyer and my humble self appeared at their residence but the parents denied the presence of their daughter (although 15 minutes earlier I had called on the landline number and Irma Khan had herself attended the call). They declined access to the police whereupon the police obtained a search warrant and conducted a raid. The time lapse between the initial appearance of the police at their residence and returning with a search warrant from the Sessions Judge was about $1\frac{1}{2}$ hours. In this timeframe, as expected, Irma Khan disappeared with the children. Her father then threatened me during the raid in front of the police authorities, the representative of the German Embassy and my lawyer to kill me and he also threatened that if his daughter (Irma Khan) was made to surrender the children then he would himself kill the children before giving them to their father. Despite the court order permitting me, by name, to join the search of the house he prevented the police from allowing my entrance and the police remained helpless. I was shocked to hear when he told the police how he had got transferred several police officers through his contacts and he could do the same to them. The police meekly left the premises. Since then the judge has ordered Irma Khan two more times to appear in the court along with the children, but she failed to do so.

Kapitel 5 In Pakistan

> In the meantime I learnt through my lawyer that Irma had recently filed a custody case in Pakistan against me on a false address in Germany and without disclosing the prior German court custody decision. To her surprise I have reached Pakistan and have not allowed this case to go further rather have appeared in all court hearings where she has not appeared anymore. This case is with the Honourable Judge Ms. aaaaa bbbbb in the Guardian Court, Islamabad.
>
> On the other hand my „habeas corpus" case before the Sessions Judge has finally been dismissed today on the grounds that Irma Khan is not traceable while her custody petition exists in the guardian court who should give a ruling. However, in the guardian court her lawyer has repeatedly said that he has no information where his client resides at present. The next hearing in this case court is on Monday, 8th October 07. The Guardian Judge has threatened her lawyer during the last hearing that if she still does not appear at this next hearing the custody case in the guardian court will also be dismissed. This would be a mockery of justice that both courts would dismiss the cases while Irma Khan has played one against the other by hiding from both while living under their nose in Islamabad.
>
> This process has taken immense energy, time and expense

from me, yet I always wanted to respect and follow the law of the land which has apparently failed me. I have my work and the rest of my family in Germany to feed and cannot continue these efforts by staying here for ever. I am in contact with the press in Germany who agrees to give this case its due importance and publicity which would be damaging for the already battered image of rule of law and writ of state in Pakistan. I am disappointed that the police in Islamabad remains incompetent to produce an accused from a known location in the heart of the city despite repeated court orders while her lawyer continues to appear in court for her.

My appeal to you, Sir, is to put an end to this injustice and enforce the writ of the state for which God has blessed you with the necessary powers that include the vast resources of the police force, FIA, Interpol, etc. Also, I am aware that there exists a good diplomatic relationship between Pakistan and Germany and this case is being personally addressed by Mr. K. Meier and Mr. A. Faust, both in the Embassy of Germany, Islamabad. Please help us in finding the children, who are German nationals and have the right, established by a competent german court of law, to be surrendered to their homeland.

Respectfully,

Kapitel 5 In Pakistan

> Rukhsar Khan
>
> Attachments: Copies of all relevant documents of this case

Wie aus diesem Schreiben hervorgeht, erlitt ich am 02.10.2007 einen herben Rückschlag, den ich allerdings schon erwartet hatte: das von mir initiierte „Habeas Corpus"-Verfahren war eingestellt worden, offenbar weil die Richter es als aussichtslos einstuften. Meine Anwälte hatten inzwischen erfahren, dass meine Ex-Frau bereits im Vorfeld alle gerichtlichen Anstrengungen über das Guardian Court unternommen hatte, um kurzfristig das Sorgerecht für die Kinder zu erhalten. Aber seit ihr meine Anwesenheit in Pakistan bekannt war, war sie auch hier zu den entsprechenden Anhörungen einfach nicht erschienen, was ihre Chancen natürlich extrem verschlechterte.

An diesem Tag, ich kann mich noch sehr gut erinnern, war Danial's Geburtstag. Am Abend fuhr ich zu jedem McDonald´s-Restaurant sowohl in Islamabad als auch zu dem in der Nachbarstadt Rawalpindi, in der Hoffnung meine Söhne zu finden, die vielleicht dort feierten: jedoch erfolglos! Ich wählte diese „Restaurants", weil Irma in Deutschland immer sehr gerne die Geburtstagsfeiern, zusammen mit dieser gesunden Nahrung, in deren Spielecke bevorzugte. Auch fuhr ich an diesem Abend, wie so oft zuvor, an beiden Elternhäusern von Irma vorbei. „Hey Chef", sagte mein Fahrer. „Sehen Sie das Licht in dem

Haus? Es ist an." Es war das vorher unbewohnte Haus und tatsächlich war ein Licht in dem Wohnzimmer an. „Sollen wir mal über die Zwei-Meter Mauer springen, in das erste Obergeschoss hochlaufen und da rein schauen? Das kriegt bestimmt keiner mit." Fast hätte ich es an diesem Tag getan. Doch ich erinnerte mich daran, dass sie ja nur darauf warteten, dass ich endlich eine Straftat begehe, damit sie mich hinter Gitter bringen konnten. Vielleicht war es eine Falle und sie hätten uns auf frischer Tat ertappt. Auch gibt es in Pakistan das Recht, Eindringlinge sofort zu erschießen, ohne sich strafbar zu machen. „Nein, nein, das lassen wir mal besser sein. Aber ich habe eine bessere Idee", sagte ich zu ihm. „Warum gehen wir denn nicht zum anderen, bewohnten Haus, und versuchen deren Diener für uns zu gewinnen? Vielleicht hält er draußen Wache. Der arme Mann wurde doch ohnehin so von seinem Hausherr geknebelt, dass er sich über eine kleine Spende gegen eine große Information bestimmt freut. Sie hatten mir doch erzählt, dass er sich bei mir entschuldigen wollte und darüber hinaus sagten Sie mir auch, er sei aus der gleichen Stadt wie Sie. Das ist doch bestimmt ein Versuch Wert, oder?" Also entschieden wir uns dort hinzufahren, aber zu unserer Enttäuschung war der Diener weit und breit nicht zu sehen. Aus lauter Verzweiflung fuhren wir mit seltsamen Gedanken weiter. Ich erinnerte mich, dass der damals etwa 25 jährige Bruder von Irma, der Verhaltensstörungen hatte und sehr labil war, nachts zu einem beliebten Restaurant in Islamabad ging. Also gedachten wir dort hinzufahren und uns ihn zu schnappen. Das wäre das „Auge um Auge, Zahn um Zahn"-Prinzip gewesen, was ja theologisch auch nicht unbedingt falsch war, ohne in diesem Moment über die

Kapitel 5 In Pakistan

Konsequenzen nachzudenken. Irgendwie war ich mittlerweile so frustiert und verwirrt, dass ich fast meinen Verstand verlor. Tatsächlich gingen wir zu diesem Restaurant und suchten ihn dort vergeblich. Dank Gottes war er nicht zu sehen, denn an diesem Abend war ich mir wirklich nicht mehr sicher, ob ich mich noch weiter beherrschen konnte. Ich dachte ernsthaft darüber nach, ob ich nicht doch Gebrauch des Waffenarsenals meines Onkels machen sollte. „So, und jetzt ist es genug, Rukhsar!" sprach ich zu mir selbst. „Jetzt komm da wieder runter, verdammt noch mal!" Ich bat meinen Fahrer, mich schnellstens in mein Hotel zu befördern. Dort machte ich mich sofort auf den Weg in den Trainingsraum. Entweder der unschuldige Boxsack oder meine Hand würden die Konsequenzen dafür tragen, dass ich mit meiner Wut nicht mehr wusste, wohin. Ich musste meinen Frust herauslassen. Am Ende war es dann doch meine Hand, die leidete. Aber zumindest war der Frust draußen.

In den darauf folgenden Tagen folgte eine Anhörung nach der anderen, sowohl im Guardian, als auch im Session Court, zu denen ich immer in Begleitung meines nagelneuen, von meinem Onkel, der sich massive Sorgen um meine Sicherheit machte, zur Verfügung gestellten Bodyguards erschien. Dies war wie gesagt die einzige Hilfe, die ich von ihm annahm, um ihn so gut wie möglich vor einer Involvierung in den Fall zu schützen. Auch mein Fahrer, der sich als wirklich gute Wahl erwies, bot sich freiwillig an, als mein Personenschützer zu fungieren, nachdem er die kinoreifen Szenen vor Irma's Elternhaus miterlebt hatte. „Wissen Sie, Chef", sagte er treuherzig, „es ist, als seien meine eigenen Kinder verschwunden und ich will mithelfen, dass sie bald wieder bei Ihnen sind. Außerdem schäme ich für das, was Ihnen in meinem Land widerfährt." Ich wollte zunächst einmal seine Hilfe nicht annehmen, da ich auch ihn nicht unnötig in Gefahr bringen wollte und ihm auch garnicht so richtig vertraute, doch so hartnäckig wie er war, erzählte er mir eine Geschichte: „Denken Sie, dass ich mich dazu nicht eigne? Wissen Sie wozu ich fähig bin?" Er zog sein Hemd hoch und zeigte mir zwei große Narben. „Wissen Sie, wo die herkommen? Vor einigen Jahren ist mein Vater gestorben und mein Vater war ein wohlhabender Mann. Sein Erbe sollte unter der Familie verteilt werden, aber wir konnten uns nicht einig werden. Wir verbrachten viele Jahre damit, eine Lösung zu finden, doch immer wieder gab es den einen oder anderen, der immer nicht mit dem zufrieden war, was er bekommen sollte. Irgendwann ist alles eskaliert. Niemand hatte mehr die Lust noch die Geduld weiter zu diskutieren. Alle griffen zur Waffe und mit der Zeit schalteten wir uns gegenseitig aus. Es war schrecklich. Cousins haben andere Cousins und Onkel andere Onkel abgeschossen und so kam es, dass ich zwei Kugeln von dem Maschinengewehr meines Cousins abbekommen hatte, den ich dann noch auf dem Boden liegend erschossen hatte", erzählte er mir ernsten Blickes. „Wissen Sie Herr Khan, ich will nicht, dass sie bei Ihrer Rettungsaktion draufgehen. Das wäre viel zu schade." Ich dachte darüber nach und entschied mich schließlich, ihn als Bodyguard zuzulassen. Also trat ich vor Gericht mit zwei durchaus sehenswerten Bodyguards auf. Nur die schwarzen Anzüge zusammen mit dem Bluetooth-Utensil im Ohr fehlten noch bei ihnen. Sonst war das Auftreten perfekt.

Kapitel 5 In Pakistan

Diese Tatsache schien meinen Ex-Schwiegervater so zu verblüffen, dass er wohl kurzfristig seinen heiligen Schwur, mich ins Grab zu bringen, nicht weiter verfolgte.

Nachdem nun mein Verfahren im Session Court eingestellt wurde und auch die Richterin im Guardian Court allmählich die Geduld zu verlieren und das Verfahren ebenfalls zu beenden drohte, falls Irma nicht bald erscheinen würde, hatte ich mit vielen dunklen Gefühlen und einer großen, lähmenden Mutlosigkeit zu kämpfen. Zwei Wochen war ich nun in Pakistan, hatte unendlich viele Nerven und noch mehr Geld ausgegeben, war am Ende meiner psychischen und physischen Kräfte und hatte nichts, aber auch gar nichts erreicht. Obwohl ich ein absolut optimistischer, dem Leben zugewandter Mensch bin, begann ich zu begreifen, was es heißt, allmählich Hoffnung zu verlieren. Sicher, ich hatte keinerlei Zweifel daran, dass ich meine Kinder wiedersehen würde. Sie waren schon groß genug, um einen Weg zu ihrem Vater zu finden, wenn nicht jetzt, dann bestimmt irgendwann, wenn sie erwachsener geworden sind. Aber ich machte mir Sorgen, wie sie das Leben in diesem Land und in dieser abscheulichen Familie beeinflusst und ob sie sich mir und ihrer eigentlichen Heimat entfremden würden. Denn das würde ich nicht ertragen. Und außerdem nagte noch etwas an mir, was immer unerträglicher zu werden drohte: Ich hatte meinen Söhnen ein Versprechen gegeben und fürchtete nun, zu versagen.

3) Der unendlich geduldige Herr Meier von der Deutschen Botschaft sah, wie schlecht es mir ging und bot mir deshalb an,

seine Kontakte zum National Police Bureau, einem Department des pakistanischen Innenministeriums, spielen zu lassen, dessen General Manager, Dr. F., er kannte und der uns vielleicht helfen konnte. Wir trafen ihn am 04.10.2007. Interessiert hörte er sich meine Geschichte an. Nach einigem Nachdenken machte er mir einen Vorschlag: „Sie sollten ein sogenanntes „FIR" (First Investigation Report) registrieren lassen. Es handelt sich um eine Art polizeiliche Anzeige, die bestimmte Kriterien erfüllen muss. Problematisch ist nur die Tatsache, dass das eigentliche Delikt in Deutschland begangen wurde." Aber Dr. F. fand schnell eine Lösung: schließlich wurde die Straftat in Pakistan praktisch vollendet und gehörte somit in den pakistanischen Hoheitsbereich. „Das ist reine Auslegungssache", meinte er zufrieden. Er wollte uns bei der nicht unkomplizierten Erstattung der Anzeige behilflich sein, für die auch ein Anschreiben der Deutschen Botschaft, um das sich Herr Meier kümmerte, von entscheidender Bedeutung war. Der Inhalt dieses Anschreibens war sehr ähnlich zu dem, welches ich an den Innenminister geschrieben hatte.

Da nun sowohl in Pakistan, als auch in Deutschland alles getan war, was nach menschlichem Ermessen zu tun war, hatte es keinen Sinn, jetzt noch länger in diesem Land zu bleiben. Die Verfahren, für die ich meinen Anwalt bevollmächtigt hatte, würden unbestimmte Zeit dauern. Und offen gestanden, musste ich mich auch um das Auffüllen meiner finanziellen Reserven kümmern, da mich der Aufenthalt bereits an meine Grenzen gebracht hatte. Also verließ ich Pakistan schweren Herzens und von einer Niederlage geplagt, ohne ein Lebenszeichen

Kapitel 5 In Pakistan

meiner Kinder, am 06.10.2007, ohne die Spur einer Vorstellung, wann ich zurückkehren würde, um endlich meine Söhne in die Arme zu schließen und sie nach Hause bringen zu können.

Kapitel 6

Erfolglos wieder zurück in Deutschland

Als mein Flugzeug in Frankfurt aufsetzte, fühlte ich mich zwar wie immer wieder sicher auf deutschem Boden, jedoch war ich verzweifelt und enttäuscht. Ich hatte alles, was mir möglich war, gegeben, aber es hatte nicht ausgereicht, um meine Kinder zu befreien. Am Gate stand meine Frau mit den Mädchen und ich sah das Entsetzen in ihren Augen, als ich auf sie zuging. Ich musste mich fürchterlich verändert haben und sah wahrscheinlich aus, wie ich mich fühlte: Ich war um Jahre gealtert. Schweigend fuhren wir nach Hause und wagten kaum, uns anzusehen. Als die Kinder im Bett waren, versuchte meine Frau, mir Mut zuzusprechen: „Schau, es ist doch noch nicht alles verloren. Du musst daran glauben, dass alles gut wird. Denn wenn Du nicht daran glaubst, wie sollen es dann die Jungen glauben? Sie haben so viel Kraft und Vertrauen in Dich aus

Kapitel 6 Erfolglos wieder zurück in Deutschland

tiefstem Herzen und deshalb kannst Du jetzt nicht aufgeben." Ich wusste natürlich, dass sie Recht hatte, aber ich fühlte mich so unendlich müde und erschöpft, dass ich mir nur wünschte, die Augen zu schließen und ruhig zu schlafen. Doch es half nichts. Das Leben nimmt eben keine Rücksicht auf kleine Befindlichkeiten.

Und so hatte mich am Montag, den 08.10.2007 der Alltag komplett wieder eingeholt. Das gerade in Pakistan Erlebte wirkte so irreal wie ein böser Traum. Um mein Ziel, dass ich inzwischen wieder klar vor Augen hatte, zu erreichen, brauchte ich nicht nur Kraft und Ausdauer, sondern auch jede Menge Geld. Und das verdiente ich nun einmal, in dem ich Andere in die tiefen Geheimnisse der IT Security einführte. Groteskerweise hielt ich an diesem Tag eine Schulung über virtuelle Kriminalität, die mir plötzlich so unwichtig vorkam, wie nie zuvor, denn der Kampf um das Schicksal meiner Kinder in Pakistan vollzog sich nicht in einer abstrakten Cloud, sondern im Reich der handfesten, durchaus physischen Kriminalität. Immer wieder musste ich daran denken, dass genau in diesem Moment im Guardian Court die Anhörung über das Sorgerecht für meine Söhne stattfand, die ihre Mutter beantragt hatte, während ich hier vor wildfremden Menschen über irgendwelches Zeug referierte, ohne dass ich irgendeinen Einfluss auf das Schicksal meiner Kinder nehmen konnte.

Nach der Schulung rief mich mein pakistanischer Anwalt an: „Sie sind natürlich nicht gekommen, keiner von der Familie. Nur der Anwalt war da. Am 22.10.2007 gibt es einen neuen Termin. Aber ich muss Ihnen ehrlich sagen, dass auch die Richterin hier allmählich die Geduld verliert. Sie ließ durchblicken, dass sie das Verfahren endgültig einstellen wird, wenn Ihre Ex-Frau und die Kinder nicht bald erscheinen. Und eine Einstellung des Verfahrens können wir jetzt gar nicht gebrauchen." Es war nicht so, dass ich noch weitere schlechte Nachrichten brauchte, aber trotzdem fragte ich nach dem Stand der Dinge beim Innenministerium und bei der Polizei. Er brauchte nicht viele Worte: „Nichts, absolut nichts hat sich ereignet."

Trotz der deprimierenden Ergebnisse versuchten meine Anwälte, jeden noch so kleinen Grashalm zu ergreifen: Sie wollten nun bei der Richterin die Genehmigung für einen Gerichtsvollzieher erwirken, der mit Unterstützung der Polizei Irma und die Kinder zum Gericht bringen sollte. Schließlich konnte sie nicht ewig untertauchen und die Wahrscheinlichkeit, dass sie sich noch im Umfeld ihrer Eltern aufhielt, war groß. In Betracht kamen eigentlich nur das bereits ins Visier der Behörden geratene Elternhaus oder aber das sozusagen leerstehende, verschlossene Haus, das Irma's Eltern eben früher bewohnten.

Das zermürbende Warten, ohne dass die Situation sich in die eine oder andere Richtung veränderte, brachte mich immer mehr an meine Grenzen. Entgegen meiner sonstigen Natur geriet ich bereits in Panik, wenn ich mich außerhalb der Reichweite meines Handys befand. Tag und Nacht hoffte und betete ich um einen Anruf meiner Kinder. Meine Frau fand kaum noch Zu-

Kapitel 6 Erfolglos wieder zurück in Deutschland

gang zu mir, obwohl sie mich mit all ihren Kräften zu unterstützen versuchte.

Am 16.10.07 hatte ich dann ein persönliches Telefongespräch mit dem Staatsanwalt, Herrn Meier, von der Staatsanwaltschaft Frankfurt am Main. Er teilte mir mit, dass ein Internationaler Haftbefehl unverhältnismäßig sei und daher eher nicht in Betracht gezogen würde. Die endgültige Entscheidung wolle er aber erst in 1 bis 2 Wochen treffen, nachdem er sich Informationen über Pakistan eingeholt und diese studiert hatte. Ich war fassungslos. Trotz der Tatsache, dass ihm das von seinem Namensvetter aus Islamabad als Zeugen unterschriebene Schreiben vorlag, sprach er von Unverhältnismäßigkeit. Hatte mein Ex-Schwiegervater nicht gedroht, dass er die Kinder eigenhändig umbringen würde, bevor er mir diese aushändigt? Ich traute es ihm zu. Sicher hätte er noch nicht einmal vor seinen Enkelkindern Halt gemacht, so hasserfüllt er mir gegenüber war. „Ja, er würde es bestimmt tun", dachte ich mir. Ohnehin waren diese Aussagen nur sehr schwer zu ertragen. Wäre ich nicht davon überzeugt, dass Geburtsstunde und Tag des Todes zum Schicksal gehörten, wäre ich ganz bestimmt schon in Pakistan Amok gelaufen. Aber die Frage, welche Abhängigkeiten Schicksal und Mord gegenseitig haben würden, entzog sich meiner Vorstellungskraft. So versuchte ich der ganzen Sache großen Nachdruck zu verleihen, damit ich zumindest alles mir Mögliche getan hatte, diesen Mord zu verhindern und schickte Herrn Meier folgendes Schreiben:

Sehr geehrter Herr Meier,

ich beziehe mich auf unser heutiges Telefonat bezüglich meiner beiden entführten Kinder Danial und Adil Khan. Ich möchte Sie nochmals höflichst darum bitten, die Sache mit der „Unverhältnismäßigkeit" aus einer weiteren Sichtweise zu betrachten, die Sie bisher vielleicht noch nicht kennen.

Meine Ex-Frau Irma Khan hat am xxx einen Selbstmordversuch unternommen, indem sie vor den Augen der beiden Kinder und meiner Wenigkeit ihre Pulsadern an der Hand aufgeschnitten hatte. Diese Tat hat sie sogar in ihrem Schreiben vom xxx (siehe Anlage 1) selbst vorgetragen. Dies beweist, dass diese Frau nicht zurechnungsfähig ist und somit durchaus imstande ist, auch den Kindern einen Schaden anzutun. Sie schlägt die Kinder auch immer brutal, wenn sie ihr nicht gehorchen. Dies haben die Kinder einem Kinderarzt Ende 2005 (siehe Anlage 2) selbst erzählt, nachdem Frau Irma Khan sie körperlich misshandelt hatte.

Wenn nun, wie in meinem Schreiben vom xxx (Anlage 3) der Vater von Irma Khan damit droht, dass seine Tochter die Kinder umbringt, bevor sie die Kinder dem Kindesvater aushändigen wird, ist diese Drohung wirklich ernst zu nehmen, bevor es zu spät ist. Ihr Vater hat sogar damit ge-

Kapitel 6 Erfolglos wieder zurück in Deutschland

> droht, dass falls seine Tochter die Kinder nicht umbringen wird, er es tun wird. Herr K. Meier von der Deutschen Botschaft in Islamabad hat diese Drohungen persönlich mitgehört und daher mein Schreiben, welches Ihnen vorliegt, als Zeuge unterschrieben.
>
> Ich persönlich kann in einem solchen ernsten Fall nicht verstehen, wie es heißen kann, dass ein Internationaler Haftbefehl „Unverhältnismäßig" sei. Bitte verstehen Sie mich nicht falsch. Ich kann niemandem vorschreiben, wie er seine Arbeit zu erledigen hat. Ich kann Sie lediglich nochmals darum bitten, die Unzurechnungsfähigkeit und die Kriminalitätsbereitschaft meiner Ex-Frau und ihrer Familie in Ihrer Entscheidung zu berücksichtigen.
>
> Mit freundlichen Grüßen
>
> Rukhsar Khan

So ging auch diese Woche ohne nennenswerte Ereignisse vorbei. Ich zog mich immer mehr zurück und war kaum noch fähig, irgendwelche Hiobsbotschaften zu ertragen. Ach ja, eine gab es noch: jener hilfsbereite Dr. F., seines Zeichens General Manager des National Police Bureaus, erwies sich als absolute Nullnummer. Da ich vergessen hatte, die besonders komplizierte polizeiliche Anzeige mit einer Anzahl hübscher Geldscheine zu verzieren, hatte er seinerseits zufällig glatt vergessen, diese weiterzuleiten. Da der von mir vertrauensvoll aufgesuchte Innenminister wohl auch vergeblich nach Geldkoffern Ausschau hielt, sah er natürlich ebenfalls keinerlei Veranlassung, in irgendeiner Weise tätig zu werden. Mit anderen Worten: Ich war in den zwei Wochen, die ich nun schon wieder in Deutschland war, keinen Schritt weitergekommen und die Zeit lief mir und meinen Kindern davon.

Obwohl Hoffnungslosigkeit auf meinem Weg absolut tabu ist, drohte ich in dieser Zeit nun doch, der tiefen Verzweiflung und Leere in mir, die mich insbesondere an den Wochenenden wie eine schwere schwarze Decke zu ersticken drohte, zum Opfer zu fallen.

Exakt in dieser Stimmung stand ich am 20.10.2007 unter der Dusche, als ich plötzlich den Aufschrei meiner Frau hörte. Völlig außer sich stürzte sie zu mir ins Bad und rief: „Komm' sofort, die Jungen haben eine Mail geschrieben!" Wie in Trance eilte ich zu meinem Notebook. Und tatsächlich: durch meine Tränen sah ich eine Mail, die vom Account adil@diddlepost.de gesendet worden war. „Salam, Papa" las ich dort und mein Herz krampfte sich zusammen, „Wir sind im Haus von Oma, das, mit dem großen Schloss an dem Tor. Mama hat uns auf die ASAS Schule geschickt, aber wir wurden wegen Urdu und Englisch eine Klasse tiefer eingestuft. Mama will Geld sammeln und mit uns nach Dubai oder Amerika umziehen. Wann holst Du uns endlich? Du kannst Dich auf Diddle.de anmelden, dann können wir uns manchmal schreiben." Meine Frau und ich fielen uns wie erlöst in die Arme, obwohl mich die Nachricht über Irma's

Kapitel 6 Erfolglos wieder zurück in Deutschland

Umzugspläne sehr beunruhigte. Die Kinder in Dubai oder gar in den USA suchen, das wäre so gut wie unmöglich! Gut zu wissen war allerdings, dass sich die Kinder in jenem leerstehenden Haus aufhielten, das ich den Behörden bereits als zweiten möglichen Aufenthaltsort angegeben hatte.

Sofort versuchten wir uns, auf Diddle.de zu registrieren. Ich sage bewusst „versuchten", denn der Zutritt zu diesem Chatroom für Kinder erwies sich als ungewöhnlich schwierig, vermutlich auf Grund des Adrenalins in unserem Blut oder schlicht der Tatsache, dass wir Erwachsene waren. Man musste 10 Fragen richtig beantworten, bei denen es um die Do's und Don't's in einem Chatroom ging, und wenn man einen Fehler machte, ging es zurück an den Start. Trotz aller Bemühungen spielte uns unsere freudige Nervosität ein ums andere Mal einen bösen Streich, so dass wir schon befürchteten, nie alle Fragen richtig zu beantworten. „Reiß' Dich gefälligst zusammen," befahl ich mir, „das ist eine einmalige Gelegenheit!" Und schon kam die nächste verzweifelte Mail meiner Söhne: „Papa, wo bist Du denn?"

Kaum zu glauben: nach nervenzerreissenden Minuten hatten wir es geschafft, wir waren im Chatroom. Aber wir mussten erkennen, dass das lustige Rätselspiel nur die Spitze des Eisberges war! Gefühlte Millionen von Meldungen unzähliger Kinder rauschten auf dem Monitor vorbei, so dass es schier unmöglich schien, sie alle zu lesen, um ein Wort unserer Jungen zu identifizieren. Aber da: Eine Meldung der Kinder! Was für ein Gefühl! Endlich! Ich hätte die Welt umarmen können! Doch mein Verstand sagte mir, dass jetzt nicht die Zeit für große Emotionen war. Es ging ihnen gut, das war das Wichtigste. Wir hatten nun einen Weg gefunden, um zu kommunizieren und ich saugte alle Informationen auf, die ich so dringend brauchte, um sie endlich nach Hause holen zu können: wo ist die Schule, wann gehen sie zur Schule, gehen sie alleine dorthin, können sie sich frei bewegen? Manchmal brach der Kontakt abrupt ab, und jedes Mal stockte mir der Atem. Natürlich mussten sie vorsichtig sein, wenn die Mutter oder ein anderes Mitglied der Familie kam. Jedes Mal starb ich fast vor Angst bei dem Gedanken, dass wir entdeckt worden sind und der Weg über den Chatroom ein für alle Mal verschlossen wäre.

Aber alles schien gut zu gehen und ab und zu hatte Danial sogar die Möglichkeit, eine Mail zu schreiben. „Papa, wir haben mitbekommen, dass Du in Pakistan warst. Warum bist Du denn nicht gekommen? Mama war kurz vor dem Durchdrehen. Wir durften keinen Schritt aus dem Haus, außer es stand direkt vor der Tür das Auto. Dann sind wir mitten in der Nacht erst in ein Hotel gezogen und ein paar Tage später zur Tante nach Rawalpindi. Mama sagte, sie hat sich mit Opa verkracht. Aber wir glauben ihr sowieso nichts mehr. Als wir wieder zurück waren, durften wir plötzlich wieder auf die Straße. Warum, wissen wir auch nicht."

Gerade als wir uns angesichts der neuen Situation etwas zu entspannen wagten, geschah es: Eine Mail mit den alarmierenden Worten: „KEINE MAILS MEHR, MAMA, PROBLEM!" von den Kindern erschütterte uns zutiefst. Dies konnte nur ei-

Kapitel 6 Erfolglos wieder zurück in Deutschland

nes bedeuten: Sie waren erwischt worden. Oh Gott, lass' es nicht wahr sein! Die Kinder waren wieder wie vom Erdboden verschluckt und meine Panik kam mit unverminderter Kraft wieder zurück.

Dies geschah exakt an dem Tag, für den die nächste Anhörung anberaumt war. Natürlich berichtete mein Anwalt mir umgehend von dem Verlauf, aber leider, wie erwartet, nicht viel Neues: „Diesmal war die Konstellation anders, denn es erschienen weder Irma noch ihr Anwalt. Dafür lungerte ihr Vater vor dem Gerichtsgebäude herum. Ich kann Ihnen sagen, die Richterin war bester Laune, die noch besser wurde, als irgendein Bürobote des gegnerischen Anwalts auftauchte, und verkündete, dass sich ihre Mandantin mit beiden Kindern im Ausland befände und deshalb den Termin nicht wahrnehmen könne." Meine Anwälte gaben zu bedenken, dass dies kaum möglich sei, da sie schließlich an allen Grenzen namentlich bekannt sei und gesucht werde. Die mittlerweile deutlich gereizte Richterin sah es als durchaus im Rahmen des Möglichen an, dass Irma und die Kinder unter falschem Namen das Land verlassen hätten und setzte als absolut letzten Termin, an dem Irma und die Jungen vor Gericht zu erscheinen hätten, bevor sie das Verfahren endgültig einstellen würde, den 12.11.2007 an. Das waren wirklich keine guten Nachrichten, denn in diesem Fall wäre mein letzter Ausweg die Beantragung des bereits erwähnten FIR gewesen, soviel stand fest.

Meine Ex-Frau führte also nach wie vor die Behörden dieser Welt an der Nase herum und sorgte mit Hilfe ihrer Familie und Anwälte für allgemeine Konfusion. Mein einziger Vorteil war, dass ich über die aktuellen Lebensumstände meiner Kinder bestens informiert war, natürlich nur unter der Prämisse, dass sie sich tatsächlich noch in Islamabad befanden. Es galt, schnell zu handeln, das spürte ich ganz deutlich. Da ich mich des Eindrucks nicht erwehren konnte, dass auch der beste und teuerste Anwalt in mir mittlerweile eine Art Altersversorgung entdeckt hatte und das Verfahren deshalb mit sehr fragwürdigen Ratschlägen künstlich in die Länge zu ziehen versuchte, beschloss ich, auf seine Dienste bei meinen nächsten Schritten zu verzichten. Auch der Deutschen Botschaft teilte ich mit, ihn nicht über unsere neuen Vorhaben zu unterrichten.

Meine Frau und ich taten das einzig Richtige: Wir riefen Herrn Meier von der Deutschen Botschaft an, um seinen Sachverstand beim Schmieden unseres neuen Schlachtplans zu nutzen. „Also, die Jungen haben geschrieben, dass sie von ihrer Mutter jeden Tag mit dem Taxi zur Schule gebracht und auch wieder abgeholt werden", erklärte ich ihm. „Ich kenne die Schule, sie liegt an einer vielbefahrenen Hauptstraße, an der man nicht lange halten kann. Wenn die Kinder morgens aus dem Taxi aussteigen, wird Irma nicht lange warten können, weil das Taxi weiterfahren muss. Hier sehe ich die einzige Chance, sie abzufangen." „Was halten sie davon?" fragte ich den gespannt lauschenden Herrn Meier. „Ein hohes Risiko", antwortete er, aber uns allen war klar, dass es keine andere Möglichkeit gab. Wir erzählten sonst niemandem von unserem Kontakt mit den Kindern.

Kapitel 6 Erfolglos wieder zurück in Deutschland

Am liebsten hätte ich mich in das nächste Flugzeug gesetzt, aber ich wusste genau, dass nun jeder Schritt wohl überlegt sein musste. Also buchte ich meinen Hinflug für den 27.10.2007 und den Rückflug für den 31.10.2007. Die Tickets für die Kinder wollte ich vor Ort in Pakistan besorgen. Die Zeit bis zum Abflug schien sich ins Unermessliche zu ziehen und meine Nervosität stieg stetig.

In der Zwischenzeit blieb Nadia im Diddle-Chatroom durchgehend erreichbar, falls Danial und Adil sich meldeten. Zu dieser Zeit befand ich mich auf einer Geschäftsreise in den Niederlanden. Dort wurde ich eines Abends von Nadia darüber informiert, dass sich die Kinder wieder gemeldet hätten. Sie hatten ihr weitere Einzelheiten über ihren Aufenthalt mitgeteilt. Adil erzählte, dass Danial wegen einer Darmerkrankung eine Woche lang im Krankenhaus war und nun Irma's Eltern nicht mehr bereit waren, sich um das Wohl dieses Kindes zu kümmern und weiter die Krankenhauskosten zu bezahlen. Daher hätten sie ihn wieder nach Hause gebracht. Nadia erzählte mir, dass der Kontakt abrupt abbrach und sie nachfolgend im Chatroom nicht mehr zu sehen waren.

Während dieser Zeit rief mich mein pakistanischer Fahrer, der sich mir damals als Bodyguard anbot, immer wieder an, um auf dem Laufenden zu bleiben. Er brachte immer seine tiefe Verbundenheit mit mir zum Ausdruck, bat mir seine Dienste zur Befreiung der Kinder weiterhin an, doch ich wurde mittlerweile äußerst skeptisch. „Ist es möglich, dass er mir jetzt, wo ich nichts mehr mit ihm zu tun habe, einen völlig selbstlosen

Dienst erweisen will?" fragte ich Nadia. „Doch ganz bestimmt nicht uneigennützig, oder? Der scheint es auch nur auf mein Geld abgesehen zu haben. Ich denke, ihm war nicht bewusst, dass 1 Euro etwa 100 Rupien waren. Aber er hatte gesehen, dass ich hunderttausende von diesen Scheinen für meine Kinder ausgab während er ein monatliches Gehalt von gerade mal 6.000 Rupien hatte." erinnerte ich mich und erzählte es Nadia. In einem Telefonat erzählte er mir, dass er eines Morgens vor dem Haus meiner Ex-Frau stand, und zusah, wie sie mit beiden Jungen das Haus verließ und auf der Straße auf ein Taxi wartete. „In diesem Moment wollte ich die Jungen für Sie schnappen, Chef, aber der große war auf einmal verschwunden. Ich wollte Ihnen helfen, aber ich habe es vermasselt. Keine Ahnung, wo er hinging und wann er zurück kam. Um nicht aufzufallen, musste ich verschwinden." Mir wurde fast schwarz vor Augen, als ich diese Nachricht hörte. Wer um Gottes Willen hatte ihn dazu beauftragt? Ich jedenfalls nicht. Ich erinnerte mich, dass dieser Mann aus Peshawar war, einer Stadt an der Grenze Afghanistans, und dass er über erhebliche kriminelle Energien verfügte. Die Geschichte mit den Morden für das hinterlassene Erbe seines Großvaters zeigte das sehr deutlich. „Was hatte er vor?", sagte ich zu Nadia. „Ohne meiner Erlaubnis wollte er meine Kinder schnappen. Und doch ganz bestimmt nicht selbtslos an mich übergeben, was meinst du?" Nadia war mittlerweile, genauso wie ich, der vollen Überzeugung, dass die eigentliche Entführung wahrscheinlich dann erst begonnen hätte. Wären die Kinder nämlich auf einmal von ihrer Entführerin befreit und dann nach Pashawar befördert worden, sahen die Chancen exponentiell schlechter für mich aus, sie je wieder zurückzube-

Kapitel 6 Erfolglos wieder zurück in Deutschland

kommen. Denn das Geld, auf das er es wohl abgesehen zu haben schien, hätte ich im Traum nicht verdienen können. Natürlich ließ ich mir nicht anmerken, wie sehr mich seine Schilderung erschüttert hatte, und beschwor ihn, mir nicht die große Gnade zu erweisen, sich für meine Kinder und mich in eine so große Gefahr zu begeben, die möglicherweise am Galgen enden könnte.

Am 25.10.2012 erfuhren wir, völlig unvermutet, von einer absolut verrückten Wendung des Schicksals, die manch einer einfach als „Glück" bezeichnen würde. Der Vater meiner Ex-Frau wurde verhaftet, komischerweise noch nicht einmal in Zusammenhang mit unserem Verfahren. Er hatte einmal wieder jemanden um viel Geld betrogen, der sich nun unglaublicherweise gewehrt hatte! Ihm wurde ein Betrug in Höhe von 20 Millionen Rupien (damals umgerechnet etwa 200.000 Euro) vorgeworfen. Die ganze Familie war dementsprechend aufgescheucht, was natürlich die Durchführung unseres Planes begünstigen würde, da nun das gesamte Augenmerk mehr auf dem armen Inhaftierten, als auf meinen Söhnen ruhen würde. Worüber wir uns Gedanken machen mussten, war, welche Auswirkung und Konsequenzen das für uns haben konnte. Denn aus familiären Kreisen hatten wir erfahren, dass er das Haus, in dem Irma mit den Kindern wohnte, mit gefälschten Dokumenten verkauft und das Geld einkassiert hatte. Wird Irma jetzt mit den Kindern in das andere Haus umziehen? Wie sehr wird sie mit der Inhaftierung ihres Vaters beschäftigt sein und dadurch das Alltagsverhalten, welches uns die Kinder mitgeteilt hatten, verändern? Nach vielen Überlegungen war eines ziemlich sicher: es gab keinen Grund, die Kinder nicht zur Schule zu schicken, weil der Großvater im Gefängnis war. Also unser Plan konnte weiter verfolgt werden. Um vorab zu prüfen, ob es auch wirklich so ist, baten wir Nadia's Bruder, uns ein paar Stunden seiner wertvollen Zeit zu schenken, damit wir uns vergewissern konnten, dass die Kinder wirklich zur Schule gingen. Nach ein paar Stunden schickte er uns ein paar Fotos unserer beiden Jungen, während sie dabei waren, das Taxi, in dem die Mutter saß, zu verlassen und das Schulgelände zu betreten. Wir waren beruhigt.

Am nächsten Tag überschlugen sich die Ereignisse. Um die Mittagszeit erschien in einem Chat meiner Frau folgende seltsame Meldung: „Wer ist da?" Da wir, mittlerweile bereits völlig paranoid, hinter jedem uns unbekannten Kontaktversuch Unheil und Spionage witterten, fragten wir erst einmal vorsichtig zurück, wer denn dort sei. „Danial und Adil", war die Antwort, „Seid ihr Mami und Papa?" Das mussten die Kinder sein, also antwortete ich aller Vorsicht zum Trotz mit „Ja!". „Mama ist zu Opa ins Gefängnis gegangen, um ihm zu helfen und wir sind jetzt alleine im Haus. Papa, können wir ganz schnell etwas tun, damit wir endlich zu Dir kommen können? Mama kommt sicher bald wieder! Hilf' uns doch!", fuhren sie fort. Die Gedanken fuhren in meinem Kopf Karussell. Was sollte ich tun? Ein solches Geschenk werden wir so schnell nicht wieder bekommen. Es gab nur eine Möglichkeit: Ich musste sofort Herrn Meier erreichen, er war der Einzige, der helfen konnte. „Wartet einen Moment, ich muss telefonieren!" bat ich meine Söhne. Mit zitternden Fingern wählte ich seine Handynummer und hatte

Kapitel 6 Erfolglos wieder zurück in Deutschland

eigentlich erwartet, dass sich, wie in solchen Situationen üblich, niemand meldet, oder besetzt ist. Aber er meldete sich sofort. In kurzen Worten schilderte ich ihm die Situation. „Wäre es Ihnen möglich, dort hinzufahren und die Kinder abzuholen?" fragte ich ihn mit so viel Fingerspitzengefühl, wie es nur möglich war. Und ohne weitere Diskussion stimmte er sofort zu. Ich war fassungslos, dass es so etwas gab: Einen Menschen, der sich ohne Nachdenken in große Gefahr begab, um ihm völlig unbekannte Kinder zu retten! Und wie ich später erfuhr, war es nicht das erste und das letzte Mal, dass Herr Meier so handelte. Endlich einmal ein Mensch, den ich mir hinsichtlich seiner Selbstlosigkeit zum Vorbild zu nehmen bereit war. Dieser edle Herr sollte für den Dienst, den er seinem Volk erwiesen hat, geehrt werden. Er kann sich meiner ewigen Dankbarkeit sicher sein!

Herr Meier sagte: „Passen Sie jetzt gut auf: die Jungen müssen unbedingt aus dem Haus kommen, ich kann das Haus auf keinen Fall betreten, sonst komme ich in Teufels Küche! Haben Sie das verstanden? Ich kann sie nur auf der Straße aufsammeln! Können Sie ihnen das erklären?" Als ich das bejahte, fuhr er fort: „Sagen Sie ihnen, dass sie die Straße vom Haus aus herunter nach rechts laufen sollen. Ich komme ihnen dann entgegen. Beschreiben Sie ihnen mein Auto und das Kennzeichen, das kennen Sie ja. Ich fahre jetzt gleich los und kann in ungefähr 10 Minuten bei ihnen sein. Können sie das den Jungen verständlich machen? Es kommt jetzt nur auf die beiden an. Sonst klappt es nicht!" Doch inzwischen drohten die Kinder, die Nerven zu verlieren, denn unaufhörlich schrieben sie über den Chat „Wo bleibt ihr denn? Helft uns doch! Mama wird gleich zurückkommen!" So ruhig, wie es mir in dieser Situation möglich war, erklärte ich ihnen genau, was sie zu tun hatten. Danial unterbrach mich und fragte „Soll ich meinen Koffer packen? Wer kommt uns abholen? Die Bundeswehr?" In einer anderen Situation hätte ich sicher über diese niedliche Frage herzlich gelacht, aber hastig fuhr ich mit meiner Erklärung fort. Doch dann fiel mir etwas ein, was wir alle nicht bedacht hatten: Das Haus war von einer etwa zwei Meter hohen Mauer umgeben und von außen mit einem großen Schloss verschlossen! „Könnt Ihr über die Mauer springen?" fragte ich. „Aber klar doch, Papa, mach' Dir keine Sorgen." „Also, seid ihr bereit? Kann es losgehen?" Die Antwort machte mich zum stolzesten Vater der Welt: „Aber natürlich, Papa!" Ich schrieb' ihnen noch, dass sie auf jeden Fall den Computer ausschalten sollten, um unsere Spuren zu verwischen. Die letzte Meldung über den Chat lautete: „Wir rennen jetzt los!" Und dann brach die Verbindung ab.

Die Stille machte uns klar, was gerade Tausende von Kilometern entfernt geschah, ohne dass wir eingreifen konnten. Meine Frau und ich wussten nicht, ob wir lachen oder weinen sollten und versuchten, uns gegenseitig Mut zuzusprechen. Ob die Jungs das schaffen? Ob sie Angst vor der eigenen Courage bekommen und umkehren? Ob die Mutter vielleicht gerade in diesem Moment nach Hause kommt? Ob sie die Mauer überwinden können? Was, wenn Herr Meier in einen Verkehrsstau kommt? Zehn Minuten, hatte Herr Meier gesagt. Nie hatte ich gedacht, dass 10 Minuten zur Ewigkeit werden können! Nach 6

Kapitel 6 Erfolglos wieder zurück in Deutschland

Minuten hielt ich es nicht mehr aus und wählte seine Nummer. Seine Stimme war so beruhigend und gelassen, dass ich dachte, er befände sich auf einem Sonntagsspaziergang. Von diesem Menschen kannst du dir wirklich etwas abgucken, dachte ich mir. „So, ich biege jetzt in die Zielstraße ein und halte Ausschau nach den Jungs", sagte er. Ich sah die Straße genau vor mir, war ich doch nicht mehr in meinem Wohnzimmer, sondern saß neben ihm im Auto und wartete mit zerspringendem Herzen auf meine Kinder! Nein, das hier war kein Film, das war bittere Realität, die jeden Moment in einer Katastrophe enden konnte! Das Schweigen am anderen Ende der Leitung brachte mich schier um den Verstand. Durch einen Wirbel von Angst und Hoffnung hörte ich die ruhige Stimme von Herrn Meier sagen: „Jetzt sehe ich sie! Da kommen zwei Jungen angerannt!" Ich wagte kaum zu atmen, denn das nächste was ich hörte, war das Zuschlagen einer Autotür und die Stimmen der Kinder, die vergnügt durch das Handy krähten „Papa, wir haben es geschafft!" Trotz unserer wahnsinnigen Aufregung versuchten wir, einigermaßen souverän mit ihnen zu sprechen und sie vor allem für ihre tolle Leistung zu loben. „Ich komme, ich komme so schnell wie möglich", rief ich, „und dann fliegen wir zusammen nach Hause." Ich wusste und weiß bis heute überhaupt nicht, wie ich Herrn Meier für das, was er für meine Familie getan hat, jemals danken kann. Worte genug gibt es sicher nicht dafür auf dieser Welt.

Der erste Schritt war nun getan, aber noch immer befanden sich die Kinder in unmittelbarer Gefahr. Herr Meier nahm sie zunächst einmal mit zu sich nach Hause, wo seine Frau schon auf sie wartete. Wenn wir an dieser Stelle annahmen, dass die größte Hürde bereits genommen sei, hatten wir uns gewaltig geirrt. Jeden Moment würde die Mutter nach Hause kommen, sofort merken, dass die Jungen nicht mehr da sind und ihren ganzen Clan nebst Behörden in Bewegung setzen. Also mussten wir unseren ursprünglichen Plan sofort ändern, um sie so schnell wie möglich außer Landes zu bringen. Sofort buchte ich meinen Flug auf den 27.10.2007 um, der am frühen Morgen des 28.10.2007 Islamabad erreichen sollte. E-Tickets für die Kinder hatte ich bereits an Herrn Meier gemailt. Herr Meier sollte bereits bei Landung des Flugzeuges mit den Kindern am Check-in Schalter sein, damit wir gemeinsam mit dem gleichen Flugzeug, mit dem ich gekommen war, Pakistan endgültig verlassen könnten. Die Startzeit war 08.15 Uhr.

Was jetzt folgte, war eine emotionale Achterbahnfahrt, die ihres Gleichen sucht. Bereits am späten Nachmittag bekamen wir einen aufgeregten Anruf von Nadia's Mutter aus Islamabad. Eine völlig hysterische Irma war mit einer beeindruckenden Abordnung Polizisten angerückt: „Gebt sofort meine Kinder heraus" schrie sie und ging auf meine Schwiegermutter los, um ins Haus zu gelangen. Ich wusste damals sehr genau, warum ich meinen Onkel und seine Familie von Anfang an aus der Angelegenheit herausgehalten hatte, denn Irma war sicher, dass sie mir geholfen hatten. Aber was man nicht weiß, kann man auch nicht sagen. Also war das ein kluger Schachzug, übrigens gegen den ausdrücklichen Rat meines Anwalts.

Kapitel 6 Erfolglos wieder zurück in Deutschland

Bereits vor der Tür kam es zu Handgreiflichkeiten zwischen Irma und Nadia's Familie, in deren Verlauf sie eine kräftige Ohrfeige kassierte, die ich ihr zugegebenermaßen von Herzen gönnte. Auch die Polizei forderte Nadia's Mutter auf, unverzüglich die Kinder herauszugeben, die aber wahrheitsgemäß antwortete, dass sie nicht die Spur einer Vorstellung habe, um was es hier eigentlich ging.

Kurze Zeit später erhielt ich auf meinem Handy einen Anruf der pakistanischen Polizei, die mich eindringlich auf die Folgen einer Entführung der Kinder durch meine Familie hinwies. Ich muss dazu sagen, dass den Behörden zu diesem Zeitpunkt nicht bekannt war, ob ich mich noch in Pakistan aufhielt oder nicht. Ich sollte in jedem Fall mitteilen, wo sich die Kinder aufhielten und sie sofort an die Mutter herausgeben. „Sie sind nicht bei meinem Onkel und seiner Familie, Sie sind auf der völlig falschen Spur," teilte ich dem wütenden Polizisten mit. „Sie sind an einem absolut sicheren Ort, wo ich sie abholen und mitnehmen werde. Also nochmal: die Familie meines Onkels hat absolut nichts mit der Sache zu tun, haben Sie das zur Kenntnis genommen?" Natürlich war mir klar, dass die Polizei zu diesem Zeitpunkt keinerlei richterliche Verfügung bei sich haben konnte und dass sie unverrichteter Dinge wieder abziehen mussten, um sich entsprechende Dokumente zu besorgen. Aber die Beamten versicherten mir, dass sie so schnell wie möglich mit Haftbefehlen zurückkommen werden.

Mein Onkel, der sich an diesem Tag auf einer Reise befand und telefonisch über den Vorfall informiert worden war, schaltete klugerweise sofort seinen Anwalt ein. Zunächst erkundigte sich dieser bei der Polizei, was eigentlich Gegenstand der Anklage war. Hier ging es um schwere Geschütze: Irma hatte tatsächlich per FIR zur Anklage gebracht, dass mit Waffengewalt in die Wohnung eingebrochen worden war, dass die Kinder mit Waffengewalt entführt wurden und dass viel Geld und teurer Schmuck entwendet wurden. Als Täter hatte sie die Eltern von Nadia sowie zwei ihrer Brüder und natürlich mich angegeben, worüber ich zunächst herzlich lachte, bis ich erfuhr, dass wir tatsächlich alle per Haftbefehl gesucht wurden.

Irma musste gute Berater gehabt haben, denn sie hatte bei den Anklagepunkten ausschließlich Tatbestände gewählt, die nach pakistanischem Recht nicht kautionsfähig sind, also ohne Umwege im Gefängnis enden. Insbesondere auf den Entführungstatbestand reagiert die pakistanische Justiz äußerst sensibel, so dass sogar die Verhängung der Todesstrafe durchaus im Rahmen des Möglichen ist. Hätte ich also meinen Onkel involviert, wäre ihm unter Umständen der Galgen nicht erspart geblieben.

Die Wut, die ich empfand, kann ich nicht beschreiben. Hatte ich nicht 3 Wochen lang keinen Stein auf dem anderen gelassen, um die eigentliche Entführerin dingfest zu machen und die Gerechtigkeit im Sinne meiner Kinder wieder herzustellen? Hatte sie nicht skrupellos die deutschen und pakistanischen Behörden betrogen, belogen und getäuscht? Und was war das Ergebnis? Noch nicht einmal eine Anzeige wurde aufgenom-

Kapitel 6 Erfolglos wieder zurück in Deutschland

men! Und die eigentlich Kriminelle kann innerhalb kürzester Zeit bewirken, dass fünf Menschen auf Nimmerwiedersehen in die Mühlen der Justiz geraten! Also, wenn das kein Wahnsinn ist! Es war klar, dass Irma und ihre Familie mit großzügigen Geldspenden nachgeholfen haben mussten, um die Geschwindigkeit des Verfahrens ein wenig zu katalysieren. Was für ein Land!

Um Zeit zu gewinnen, tauchten meine Tante und ihre mitangeklagten Söhne auf Anraten ihres Anwaltes erst einmal unter. Mein Onkel hingegen ließ sich von den Vorgängen überhaupt nicht aus der Ruhe bringen. „Ich habe das beste Alibi der Welt!" erklärte er mir am Telefon, als er auf dem Rückweg von seiner Reise war. Er würde am kommenden Morgen mit seinem Anwalt zum Gericht gehen und die Sache klären. Was für ein mutiger Mann!

Für mich selbst gab es eine fundamentale Frage: würde der Haftbefehl bereits bei meiner Landung am Flughafen in Islamabad vorliegen? Damit wäre nämlich unser gesamter Plan geplatzt wie eine Seifenblase! Egal, es gab kein Zurück.

Erfahrungsgemäß waren die pakistanischen Behörden nicht die schnellsten, so dass es eigentlich keinen Grund gab, warum sie ausgerechnet in meinem Fall schneller sein sollten. Aber dennoch bewegten wir uns im Reich der Spekulationen. Falls wir uns irrten und ich am Flughafen verhaftet werden würde, konnte mir niemand mehr helfen, auch nicht die deutschen Behörden. Und meine Kinder würden für immer in den Fängen ihrer liebenden Mutter und deren Familie verschwinden. Keine einzige Sekunde überlegte ich, ob ich dieses Risiko eingehen sollte oder nicht. Niemals würde ich meine Kinder im Stich lassen, und auch wenn ich scheitern sollte, den Versuch war es in jedem Fall wert gewesen. Ich konnte kaum erwarten, endlich ins Flugzeug zu steigen, um meine gefährliche Mission zu Ende zu bringen.

Nach schlaflosen Nächten kam endlich der Tag des Abfluges. Kurz bevor ich zum Flughafen abfuhr, erreichte uns eine äußerst beunruhigende Nachricht von Nadia's weinender Mutter: „Stell' Dir vor, Papa und Dein Bruder sind verhaftet worden." Sein bombensicheres Alibi hatte bei Gericht wohl niemanden interessiert. Glücklicherweise blieben seine Frau und der Rest der Familie auch weiterhin untergetaucht. Insbesondere für eine Frau, gleich welchen Alters, bedeutet ein pakistanisches Gefängnis eine absolut rechtsfreie Zone, in der eine Vergewaltigung noch nicht einmal ein Kavaliersdelikt ist.

Die Nachricht von der Verhaftung ihres Vaters war für Nadia ein riesiger Schock, was meine Abreise umso schwieriger machte. Wie wir hörten, war er sehr tapfer und machte der Polizei gegenüber keinerlei Aussage über den Verbleib der Kinder. Die mehrfachen Anrufe eines besorgten Verwandten, der uns hinterhältig nach dem Aufenthaltsort der Kinder fragte, um angeblich Nadia's Vater zu helfen, ließen nicht lange auf sich warten. Verräter! Natürlich hatte er keinen Erfolg bei uns.

Kapitel 6 Erfolglos wieder zurück in Deutschland

Auch Nadia's Mutter war völlig aufgelöst. Natürlich würden wir alles Menschenmögliche tun, um ihrem Mann und ihrem Sohn zu helfen und es zerriss uns das Herz, als wir sie um Geduld bitten mussten, bis ich mit den Kindern aus Pakistan zurückgekehrt war. „Das ist schon in Ordnung. Die Kinder gehen vor", beruhigte sie uns weinend.

Schließlich war es an der Zeit, zum Flughafen zu fahren. Auch diesmal fiel uns der Abschied furchtbar schwer, auch diesmal war der Ausgang meiner Reise völlig ungewiss. „Ich komme, so Gott will, wieder", beruhigte ich meine Frau, „und zwar mit den Kindern. Und dann holen wir Deinen Vater und Bruder aus dem Gefängnis. Ich gebe mein Allerbestes, und lass' uns auf Gott vertrauen!" Bei meiner Zwischenlandung in London rief ich Nadia an, um zu hören, ob es etwas Neues gäbe. Und ob es etwas Neues gab! Schlimmer hätte es nicht kommen können, denn Herr Meier hatte in einem Anruf dringend geraten, meine Reise sofort abzubrechen. Auslöser war ein Anruf der pakistanischen Polizei, die von einem Denunzianten wissen wollte, dass die Kinder sich in der Deutschen Botschaft aufhielten. Ich konnte es nicht glauben. Für alle, die über unsere Verbindung zur Deutschen Botschaft Bescheid wussten, würde ich beide Hände ins Feuer legen. Es musste jemand sein, der darüber spekuliert und nur auf den Busch geklopft hatte. Aber damit hatte er in ein Wespennest gestochen. Die Polizei forderte von Herrn Meier die sofortige Herausgabe der Kinder und drohte damit, die Deutsche Botschaft zu umzingeln.

Nach Absprache mit dem Botschafter war die Sprachregelung der Polizei gegenüber völlige Kompromisslosigkeit, da es sich schließlich um deutsche Kinder handelte, die sich vorgeblich auf deutschem Territorium befanden, ob die pakistanische Polizei nun weiter drohte oder nicht. Dass sich meine Söhne gar nicht in der Botschaft, sondern im Privathaus des Herrn Meier befanden, verschwieg man tunlichst der Polizei.

„Die Sache läuft aus dem Ruder", hatte Herr Meier meiner Frau gesagt, „die Pakistanis drohen mit ernsten diplomatischen Konsequenzen für die Botschaft. Das können wir nicht mittragen und müssen den Ball flach halten. Ihr Mann darf auf keinen Fall das Land betreten." Trotzdem dachte ich nicht im Entferntesten daran, den Rückzug anzutreten oder auch nur meine Pläne zu ändern. Um der Deutschen Botschaft gegenüber nicht unkooperativ zu erscheinen, ließ ich Herrn Meier ausrichten, dass wir weitere Schritte nach meiner Ankunft besprechen werden.

Mit Unmengen Adrenalin im Blut bestieg ich das Flugzeug, das am darauffolgenden Tag pünktlich in dem morgendlich verschlafenen Islamabad landete. Sofort nach Aufsetzen der Maschine rief ich Herrn Meier an. Er war zu dieser frühen Stunde sofort am Telefon. „Herr Meier, ist es möglich, dass wir uns an unseren ursprünglichen Plan halten? Können Sie die Kinder vielleicht doch zum Flughafen bringen? Ich würde gerne heute noch mit ihnen zurückfliegen. Es ist doch bestimmt ein Versuch wert, oder?" Wie immer völlig ruhig hörte ich Herrn Meier sagen: „Nein, ich kann sie nicht bringen, denn wir sind

Kapitel 6 Erfolglos wieder zurück in Deutschland

schon lange da. Ich hatte mir schon gedacht, dass Sie nicht auf mich hören! Nun schummeln Sie sich mal am Auge des Gesetzes vorbei."

Genau das war die nächste Hürde. Ich musste möglichst unauffällig das Flugzeug verlassen und an der Immigration vorbeikommen, ohne dass ich, für den Fall, dass der Haftbefehl bereits vorlag, hilflos in die Falle tappte. Ich stellte mich möglichst locker in die Warteschlange, war aber sicher, dass deutlich auf meiner schweißnassen Stirn geschrieben stand, dass ich ein klitzekleines bisschen aufgeregt war. Auf der anderen Seite der Immigration, ein paar Meter und dennoch Meilen entfernt, stand ein Beamter des BKA, um mich in Empfang zu nehmen. Immer näher kam ich dem Kontrolleur und immer größere Schweißperlen standen mir auf der Stirn, als ich ihm meinen Pass übergab. „Jetzt passiert es!" schoss es mir durch den Kopf, als er mich mit großen Augen anschaute. Zweimal verglich er mein Passbild mit meinem Gesicht. Aber dann, er setzte den Stempel in meinen Pass und winkte mich vorbei. Gemessenen Schrittes ging ich an ihm vorbei. „Moment mal!" rief er mir nach. Mein Herz blieb stehen. Langsam drehte ich mich um und suchte aus dem Augenwinkel nach einer Fluchtmöglichkeit. „Sie haben Ihren Pullover vergessen." So gelassen wie möglich dankte ich ihm höflich, um nun zügig nach Pakistan einzureisen. Es hätte nicht viel gefehlt und ich wäre dem BKA-Beamten um den Hals gefallen, dem offensichtlich auch ein großer Stein vom Herzen gefallen war.

Tatsächlich, ich hatte pakistanischen Boden betreten, ohne hinter dicken Gitterstäben zu verschwinden. Aber noch war der Bär nicht erlegt. Bewaffnet mit meinem nächsten E-Ticket verließen wir schnellstens den Immigration-Bereich, um sofort auf der anderen Seite die Emigration zu erreichen. Wir kämpften uns durch eine unüberschaubare Menschenmasse hindurch und erreichten schließlich den Eingang, an dem sich auch die Check-in Schalter befanden, wo Herr Meier mit den Kindern wartete. Am liebsten wäre ich losgespurtet. Aber immer noch galt es, unauffällig zu bleiben. Nach endlosen Minuten wurde wahr, was ich mir kaum noch vorstellen konnte: Meine Jungen fielen mir in die Arme. Niemals werde ich diesen Moment vergessen! Die beiden Körperteile, die man mir vor drei Monaten gewaltsam ausgerissen hatte, waren wieder mit mir vereint und ich würde nicht zulassen, dass sie mir jemals wieder genommen werden. Merkwürdigerweise fiel mir in diesem Moment ein, wie schrecklich es für meine Kinder sein muss, dass sie entweder auf ihren Vater oder auf die Mutter verzichten müssen, die sie sicher nun für lange Zeit nicht mehr sehen werden und irgendwo tief im meinem Herzen spürte ich einen Anflug von Mitleid für Irma. Musste es so weit kommen?

Die Zeit drängte und noch war nicht geklärt, was mit meinem Onkel und seinem Sohn geschehen würde. Herr Meier und sein Kollege vom BKA versprachen, natürlich erst, nachdem das Flugzeug gestartet war, wahrheitsgemäß bei der Polizei zu erklären, was passiert war, in der Hoffnung, dass mein Onkel und sein Sohn sofort freigelassen werden.

Kapitel 6 Erfolglos wieder zurück in Deutschland

„Machen Sie sich keine Sorgen, das kriegen wir schon hin", sagten sie und natürlich glaubte ich ihnen.

Nun begann der letzte Akt unserer Flucht. Als ob es das Normalste dieser Welt sei, checkten wir ein. Ich war überrascht, dass die Stewardess am Schalter nicht das Klopfen meines Herzens hörte. Jeden Moment rechnete ich mit einem Zugriff durch die Polizei oder gar einem Schuss aus dem Hinterhalt. Aber nichts dergleichen geschah. Nachdem wir uns unauffällig, aber sehr herzlich von unseren Mitkämpfern verabschiedet hatten, schlenderten wir zur Emigration, die uns ebenfalls völlig unbeachtet passieren ließ. Mein Gott, es hatte tatsächlich geklappt. Dennoch kochte es in mir. Der Feind schlief nicht. Vielleicht war die Ruhe trügerisch und man hatte nur gewartet, bis die Deutsche Botschaft ihre schützende Hand von uns nahm. Noch konnten wir aus dem Flugzeug geholt werden, oder es konnte sogar auf der Startbahn gestoppt werden. Ich befand mich noch immer in äußerster Anspannung, ja Verkrampfung, als ich nach einer Ewigkeit eine unfassbares Erkenntnis zulassen musste: Das Flugzeug hatte tatsächlich abgehoben und Islamabad wurde klein wie eine Spielzeugstadt, in der niemals etwas Böses passieren konnte.

Aber noch immer wollte sich die ungetrübte Freude und Entspannung nicht recht einstellen, denn schließlich war das Schicksal von Nadia's Vater und Bruder immer noch ungewiss. Im Transit in London angekommen, rief ich sofort bei Nadia an. Nach 8 Stunden hatte ich erwartet, die gute Nachricht von seiner Freilassung zu hören. Aber bereits an ihrer tränenerstickten Stimme merkte ich, dass etwas passiert sein musste. „Herr Meier war gar nicht bei der Polizei", schluchzte sie, „ich weiß überhaupt nicht, was ich jetzt meiner Mutter sagen soll." Ich war sprachlos.

Der letzte Teil unserer Reise nach Frankfurt verlief in gedrückter Stimmung, die sich erst beim Wiedersehen in Frankfurt mit Nadia und ihren Mädchen löste. Endlich war die Familie wieder vereint. Wir wollten die Kinder mit unseren dunklen Gedanken nicht belasten, aber als wir am Abend alleine waren, wurde uns endgültig klar, was für einen hohen Preis unser größter Sieg gekostet hat und dass das glückliche Ende nur der Anfang einer weiteren Heimsuchung war.

Kapitel 6 Erfolglos wieder zurück in Deutschland

Kapitel 7

Das Ende vom Anfang

Wir waren glücklich, die Kinder endlich wieder bei uns zu wissen und wir waren unglücklich, weil mit der immer noch andauernden Inhaftierung von Nadia's Vater und Bruder ein Sturm aufzog, der die Vernichtung unserer ganzen Familie bewirken könnte. Und von hier aus gab es nichts, absolut gar nichts, was wir tun konnten, um diese Katastrophe, die den Rest unseres Lebens bestimmen könnte, zu verhindern.

Die Jungen, und auch ihre Schwestern, bekamen von all dem Gott sei Dank, nicht viel mit. Meine Frau und ich waren krampfhaft bemüht, unseren Söhnen ihre Heimkehr so schön und entspannt wie möglich zu gestalten. Das Wichtigste war, dass sie ihre Erlebnisse verarbeiteten und das ging am besten über Erzählen. Und das taten sie, ganz unterschiedlich, so, wie es eben ihrem Charakter entsprach, aber beide mit hoher Intensität, ja manchmal Begeisterung. So redeten sie nach der Ankunft

Kapitel 7 Das Ende vom Anfang

buchstäblich Tag und Nacht über das, was sie während der Reise und bei ihrem Aufenthalt in Pakistan erlebt hatten. Es schnitt mir jedes Mal ins Herz, wenn sie mit traurigen Augen darüber berichteten, wie ihre Mutter und ihr Großvater sie getäuscht hatten und somit mutwillig jenes Urvertrauen zerstört hatten, das nun einmal jedes Kind braucht, wie die Luft zum Leben. Wir hörten ihnen zu, stundenlang, stellten Fragen und lachten und weinten mit ihnen.

Was sie nicht bemerkten war, dass ich unaufhörlich nach Anzeichen irgendwelcher physischer und psychischer Auffälligkeiten suchte. Schließlich erzählten sie von Bestrafungen und gar Misshandlungen durch die Mutter. Sie reagierte oft mit ungezügelter Wut und Schlägen, wenn sie die Jungen bei dem Versuch ertappte, mit mir Kontakt aufzunehmen. Es entsprach wohl mehr ihrem Naturell, und übrigens auch dem ihrer Familie, sich schwächere Gegner auszusuchen. Aber dass sie nicht einmal vor ihren eigenen Kindern Halt macht, war für mich unfassbar.

Neugierig fragten wir die Kinder, wie sie aus dem abgeschlossenen Haus ausgebrochen waren und vor allem, wie sie die hohe Mauer übewunden haben. „Als wir aufgehört haben zu schreiben, haben wir erstmal alle Computer und elektronische Geräte ausgeschaltet und alle Kabel rausgezogen. Und dann bemerkten wir, dass die Tür abgeschlossen war", sagte Danial. „Aber ich habe sie dann aufgetreten!", erzählte Adil stolz weiter. Daraufhin Danial: „Ja, und dann ist er mit dem Fuß in der Tür stecken geblieben. Aber ich habe ihm geholfen. Wir rannten so schnell wir konnten weiter und sind auf die Mauer geklettert. Ich bin schnell runtergesprungen, aber Adil hatte ein wenig Angst und hat sich beim Runterspringen den Fuß verletzt. Vor unserem Haus war eine Moschee. Da kamen viele Leute nach dem Freitagsgebet raus und guckten uns komisch an, als wir in die Richtung rannten, die du uns gesagt hattest. Und vor den Häusern standen so Wachen. Die haben uns auch komisch angeguckt. Wir haben gedacht, dass sie sich uns jetzt in den Weg stellen, aber das taten sie zum Glück nicht. Danial ist so schnell gerannt, dass ich nicht mithalten konnte, weil mein Fuß sehr wehgetan hat.", sagte Adil. Danial fuhr fort: „Als wir das Auto sahen, waren wir so erleichtert." Den Alptraum hatten sie nun endlich hinter sich. „Und ihr hattet dabei keine Angst?", fragte ich erstaunt. „Nein, ich hatte überhaupt gar keine Angst!", teilte Adil uns lächelnd mit. „Ich auch nicht", antwortete Danial daraufhin. „Lüg' doch nicht. Du warst sogar so aufgeregt, dass du auf Toilette musstest!", widersprach Adil. Ich lachte und doch war ich ein wenig besorgt: „Du musstest auf Toilette, kurz bevor ihr abgehauen seid?" „Ja, aber ich hab' schnell gemacht." Wir lachten alle gemeinsam. Dennoch registrierte ich bei dem Gespräch bestürzt, welche physischen Schäden die Jungen bei ihrer Flucht erlitten hatten und hätten erleiden können. Adil fuhr fort: „Ich war so fröhlich und aufgeregt, als wir endlich rausgekommen sind. Ich wollte so gerne wieder zu euch kommen. Hier ist es viel schöner." Ich war beeindruckt, mit was für einer Selbstsicherheit und Furchtlosigkeit die beiden ausgebrochen waren und war stolz und glücklich, dass ich so mutige Kinder habe, die furchtlos den wichtigsten Schritt in ihre Freiheit ganz alleine gemacht hatten.

Kapitel 7 Das Ende vom Anfang

Die Kinder erzählten uns, was passierte, nachdem sie bei Herr Meier einstiegen. Er hatte wirklich sehr umsichtig gehandelt, indem er sie anstatt in die Botschaft zu sich nach Hause brachte, da die Kinder zu der Zeit von der Polizei gesucht wurden. Seine Frau kümmerte sich liebevoll um sie und versorgte die Kinder auch mit Kleidung, denn sie hatten ja nichts mitnehmen können. Um ausreisen zu können, brauchten sie Ersatzpässe, die sie nur von der Botschaft hätten bekommen können. Und das war die nächste Hürde.

Herr Meier, der in dieser Sache sehr erfahren war, schickte die Kinder mit einem pakistanisch aussehenden Mitarbeiter zu einem Fotostudio, um die Passbilder machen zu lassen. Er war selbst nicht mitgegangen, da das viel zu auffällig gewesen wäre. Direkt am Tag ihrer Flucht fuhren Herr Meier und Herr Sturm, ein Mitarbeiter des Bundeskriminalamtes, nach Einbruch der Dunkelheit mit den Kindern, den nötigen Papieren und den Passbildern zur Botschaft. Wären sie am nächsten Tag gefahren, wären sie möglicherweise von Polizisten, die die Botschaft umzingelten, aufgehalten worden. Herr Meier erstellte sofort die Ersatzpässe. Sie fuhren dann mit allen nötigen Papieren wieder zurück und Frau Meier brachte die erschöpften und müden Kinder ins Bett. Die ganze Aktion war sehr gefährlich, da die Kinder rund um die Uhr gesucht wurden. Herr Meier erzählte den Kindern nichts von seinem Plan, bis sie am Sonntag morgen zum Flughafen fuhren, damit sie so ruhig wie möglich blieben und nicht aufgeregt waren.

Herr und Frau Meier behandelten die Kinder sehr liebevoll. Man konnte aber die Schäden, die beide erlitten hatten, nicht übersehen. Am schlimmsten hatte Danial seelisch und als Folge davon, auch körperlich mit den Folgen der Entführung zu kämpfen. Obwohl er der Ältere war, zeigte er schon immer eine stärker ausgeprägte Sensibilität als Adil. Schon bald nach seiner Rückkehr aus Pakistan zeigten sich Anzeichen einer Darmerkrankung, die wir zunächst auf den Ernährungswechsel zurückführten. Aber das war wohl eher „Wishful Thinking", denn natürlich handelte es sich mittlerweile um eine starke Magen- und Darmproblematik, die eindeutig psychischen Ursprungs war. Auch der deutlich robustere Adil kehrte mit ernsten Verletzungen zurück. Die Schläge der Mutter oder nächtliche Ängste wie bei seinem Bruder hatten auch ihn nicht nur physisch, sondern auch seelisch verletzt.

Eine für normal gestrickte mitteleuropäische Eltern besonders markerschütternede Story erzählte er uns in aller Ausführlichkeit. „Weil wir nicht draußen spielen durften, haben Danial und ich im Haus Verstecken gespielt. Schlau wie ich bin, habe ich mich im Schlafzimmer unter Opa's Bett versteckt. Es war ganz schön staubig dort und ich konnte fast gar nichts sehen. Plötzlich bin ich an etwas Kaltes, ganz Hartes gestoßen. Ich hab' das Ding ein bisschen weiter an den Bettrand geschoben, da war mehr Licht. Und was glaubt ihr, was ich da gefunden hatte? Opa's Gewehr! Ich habe gleich Danial gerufen und es ihm gezeigt und er meinte, das sei sogar geladen. Da hab' ich zu Danial gesagt: „Weißt Du was, soll ich Opa damit erschießen, was meinst Du? Dann können wir vielleicht wieder nach Hause."

Kapitel 7 Das Ende vom Anfang

Danial hat sich furchtbar aufgeregt und gesagt, ich soll sofort das Gewehr wieder weglegen. Das habe ich überhaupt nicht verstanden. Er hat doch immer abends, wenn wir alleine waren und er im Bett geheult hat, gesagt, wir müssen versuchen, hier raus zu kommen, und dafür war das doch eine gute Idee, oder?" Verdrossen stellte Adil an unseren entsetzten Gesichtern fest, dass wir seine Begeisterung ebenfalls nicht recht teilen konnten und verstand die Welt nicht mehr. Ich konnte nur hoffen und beten, dass die Affinität zu Gewalt seines Großvaters nicht auf meinen 7-jährigen Sohn abgefärbt hatte.

Während sich sein kleiner Bruder offenbar auf seine Weise mit der Situation arrangiert hatte, suchte Danial, der oft in tiefe Traurigkeit versank, dennoch unaufhörlich nach Auswegen. Voll Stolz zeigte er mir einen handschriftlichen Brief (siehe Abbildungen 7.1 bis 7.2 auf den Seiten 149–150), den er mir in Pakistan geschrieben hatte und auf eine Gelegenheit wartete, ihn mir zuzuschicken. „Hat leider nicht geklappt mit dem Verschicken, Papa, ich wusste einfach nicht wie", sagte er leise.

Am nächsten Morgen ließen wir Danial und Adil im Krankenhaus ärztlich untersuchen. Die Arztberichte waren wie erwartet: beide hatten jede Menge blaue Flecken über den ganzen Körper verteilt. Adil hatte sogar im linken Ohr einen so starken Bluterguss, dass er aus diesem kaum hören konnte. Wir wussten genau, wie wichtig es war, dass die Kinder so schnell wie möglich wieder die Sicherheit eines alltäglichen Lebens empfinden konnten. Genau aus diesem Grund wollten wir Adil ein

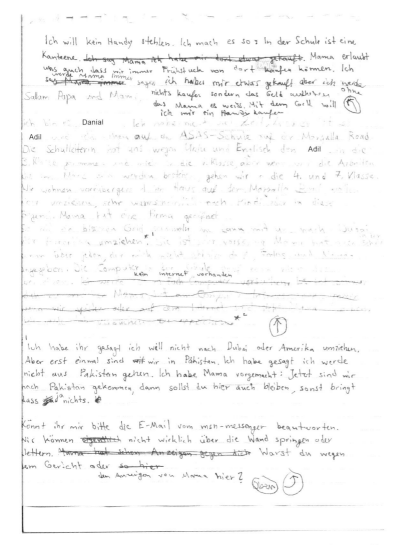

Abbildung 7.1: Danials's Brief, den er mir zuschicken wollte

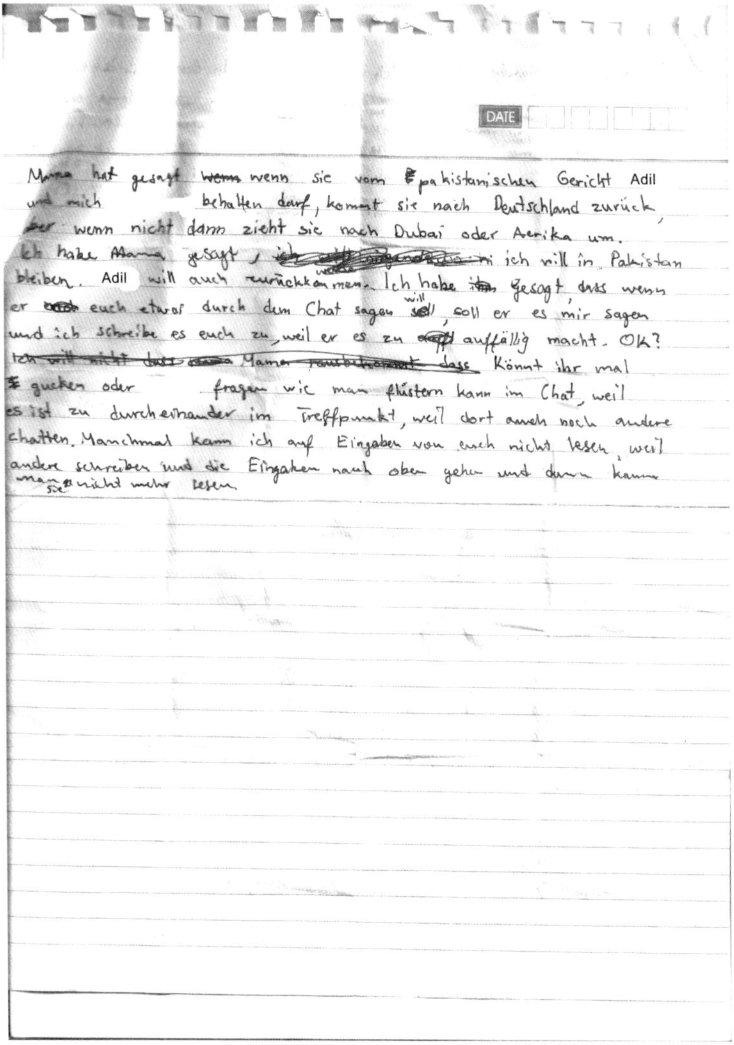

Kapitel 7 Das Ende vom Anfang

Mama hat gesagt wenn wenn sie vom pakistanischen Gericht Adil und mich behalten darf, kommt sie nach Deutschland zurück, wenn nicht dann zieht sie nach Dubai oder Amerika um. Ich habe Mama gesagt, ich ~~~~ ni ich will in Pakistan bleiben. Adil will auch zurückkommen. Ich habe ihm gesagt, dass wenn er euch etwas durch dem Chat sagen will, soll er es mir sagen und ich schreibe es euch zu, weil er es zu ~~~~ auffällig macht. OK? Ich will nicht dass ~~~~ Mama ~~~~ dass Könnt ihr mal gucken oder fragen wie man flüstern kann im Chat, weil es ist zu durcheinander im Treffpunkt, weil dort auch noch andere chatten. Manchmal kann ich auf Eingaben von euch nicht lesen, weil andere schreiben und die Eingaben nach oben gehen und dann kann man sie nicht mehr lesen.

Abbildung 7.2: Danial's Brief, den er mir zuschicken wollte

wenig von diesem traumatischen Erlebnis ablenken, indem wir ihn, gemeinsam mit seiner Schwester nach einer Woche in die Schule schickten. Er hatte während der Entführung viel verpasst und musste deshalb viele Dinge nacharbeiten. Die Lehrer und Lehrerinnen waren zum Glück sehr nett und haben ihn wunderbar unterstützt, sodass sein Einstieg in die Schule ganz gut verlief. Dennoch wussten wir alle, dass er die ganze Sache auch psychisch verarbeiten musste. Danial musste sogar erst einmal im Krankenhaus bleiben, um eine genauere Diagnose für seine Darmprobleme zu finden.

Während meine Frau und ich uns darum bemühten, die Jungen so schnell wie möglich wieder in eine Art Realität einzugliedern, dachten wir an die katastrophale Situation in Pakistan, denn nach wie vor waren mein Schwiegervater und Schwager in Haft und es gab keinerlei Prognosen, wie lange dieser Zustand noch anhalten würde und, vor allem, ob sie ihn überleben würden. Völlig konsterniert hatte ich zur Kenntnis nehmen müssen, dass der bisher in jeder noch so chaotischen Situation zu 100 Prozent zuverlässige Herr Meier von der Deutschen Botschaft sich diesmal offenbar nicht an sein Versprechen gehalten hatte. Er wollte nach unserer Abreise sofort zur Polizei gehen und nötigenfalls einen Eidesstatt erklären, dass mein Onkel und seine Familie nicht das Geringste mit dem Verschwinden der Jungen zu tun hatte, dass sie sich bereits in Begleitung ihres Vaters außer Landes befänden und wie es dazu gekommen war. Wir hatten nach unserem Abschied auf dem Flughafen von Islamabad nichts mehr voneinander gehört und ich hatte offengestanden ein wenig Hemmungen, ihn anzurufen.

Kapitel 7 Das Ende vom Anfang

Andererseits musste ich unbedingt wissen, was passiert war, denn es musste einen Grund für sein Verhalten geben. Ich hoffte nur, dass ihm nichts zugestoßen war. Also griff ich zum Hörer und wählte seine Nummer. Er antwortete sofort: „Mein Gott, ist das gut von Ihnen zu hören! Ich habe schon gedacht, es ist etwas schief gegangen, weil Sie sich nicht gemeldet haben. Meine Frau hat mich schon ganz verrückt gemacht! Wie geht es den Jungs? Sind sie alle ok?" Ich erzählte ihm kurz, wie alles verlaufen war. Natürlich merkte er an meiner zurückhaltenden und enttäuschten Stimme, dass ich immer noch wegen meines Schwiegervaters und meinem Schwager besorgt war. „Herr Meier," sagte ich leise, „ist es wirklich wahr, dass Sie nicht bei der Polizei für meinen Schwiegervater und seinen Sohn ausgesagt haben?" Er schwieg einen Moment. „Ja, das ist wahr und es tut mir sehr leid. Ich war gerade auf dem Weg zum Polizeipräsidium, als mich der deutsche Botschafter auf dem Handy anrief. Er untersagte mir strikt, mich noch weiter in diesen Fall einzumischen, insbesondere, da es sich bei den Inhaftierten nicht um deutsche, sondern um pakistanische Staatsbürger handelt. Er sagte, dass wir mit dramatischen diplomatischen Verwicklungen rechnen müssten und dass dies keine Bitte und auch keine Anweisung, sondern ein dienstlicher Befehl sei. Dem konnte ich mich nicht widersetzen, das müssen Sie verstehen, denn die Konsequenzen für mein Land und mich wären in der Tat nicht einschätzbar gewesen."

Natürlich konnte ich das verstehen und ich war ihm dennoch sehr dankbar, aber es machte die Sachlage nicht besser. Bei Licht betrachtet war die Aussage von Herrn Meier unsere einzige einigermaßen realistische Hoffnung gewesen, diesem Alptraum ein Ende zu bereiten.

Herr Meier brauchte nicht viel Phantasie, um meine Verzweiflung zu spüren. „Hören Sie, ich werde jetzt sofort mit dem Siegel der Deutschen Botschaft ein Schreiben an die pakistanischen Behörden verfassen, in dem ich die Sachlage detailliert schildere und es persönlich dort abgebe." Ich wusste genau, dass Herr Meier diese Aktion bewusst herunterspielte, um mich zu beruhigen, denn einmal mehr setzte er für meine Familie und mich insbesondere mit einer schriftlichen Aussage mit seiner Unterschrift sehr viel aufs Spiel.

„Ach ja, bevor ich es vergesse, heute hatten wir in der Botschaft überraschenden Besuch von unseren Freunden von der pakistanischen Polizei." Ich konnte förmlich durch das Telefon sehen, wie er schmunzelte. „Sie verlangten die umgehende Herausgabe Ihrer Kinder. Ich habe dem Beamten freundlich erklärt, dass die Kinder nicht in der Botschaft, sondern mit ihrem Papa in Deutschland sind. Aber irgendwie wollte er mir das nicht glauben. Sie hatten offenbar tatsächlich das ganze Wochenende die Botschaft umstellt und er war nun der Meinung, dass keine Maus unbemerkt herein- oder herauskommen konnte. Außerdem erklärte er mir ausführlich, dass die Kinder auf der Exit Control List stehen und der Vater an allen Grenzen mit Haftbefehl gesucht werde, dass also eine Ausreise mit anderen Worten unmöglich ist. Ich musste ein wenig lächeln und fragte ihn, ob er schon vergessen hätte, dass die Kinder auf ebenso wundersame Weise von England nach Pakistan gekommen seien

Kapitel 7 Das Ende vom Anfang

und dass sich Wunder eben manchmal wiederholen. Besonders böse wurde er, als ich ihm erzählte, dass der Vater, wie angekündigt, einen kleinen Wochenendtrip nach Pakistan gemacht und die Kinder abgeholt hat." Herr Meier berichtete mir noch, dass der entsetzte Polizist nach unserer Airline fragte, die ihm dummerweise in diesem Moment entfallen war, dass er aber ansonsten äußersten Wert darauf gelegt hat, dem Beamten in allen Einzelheiten die Phasen unserer Ausreise zu schildern und keinen Zweifel an der Unschuld meines Schwiegervaters und seiner Familie zu lassen. „Der war vielleicht sauer", sagte Herr Meier fröhlich, „Aber meine Fassung dieser Geschichte erschien ihm auf jeden Fall glaubwürdiger als die Märchenstunde Ihrer Ex-Frau." Trotzdem mussten Nadia's Vater und Bruder noch so lange im Gefängnis bleiben, bis Herr Meier nun tatsächlich seine Aussage schriftlich bei Gericht eingereicht hatte, so war der letzte Stand. Das gab mir wieder etwas Hoffnung und wir verabschiedeten uns herzlich.

Trotz dieser an sich guten Nachricht betrachtete ich meine Frau mit zunehmender Sorge. Obwohl sie kaum darüber sprach, sah ich deutlich, dass sie kurz vor einem Zusammenbruch stand. Zu groß war die Sorge um ihren Vater und dessen Gesundheit. Vor wenigen Monaten hatte er einen Herzinfarkt erlitten, so dass sein Gesundheitszustand immer noch nicht der Beste war. Wer nur annähernd eine Ahnung hat, wie es in pakistanischen Gefängnissen aussieht, wird wissen, warum meine Frau immer wieder sagte: „Er kann das nicht schaffen. Was ist, wenn sie ihn foltern? Oder er dort einen Infarkt bekommt? Nein, er ist verloren." Ich konnte sie nicht trösten, denn sie merkte, dass ich ihre Befürchtungen teilte, auch wenn ich etwas anderes sagte.

Auch meine Ex-Frau und ihr Clan scheuten keine Mühen und vermutlich auch Kosten, um unsere Befürchtungen täglich zu verstärken. Wie uns von Freunden der Familie berichtet wurde, tauchten sie täglich mehrfach in der Polizeistation auf, um Folter und Tod für die Inhaftierten zu fordern, bis ich die Kinder herausgab. Das ging aber offenbar sogar den durchaus nicht als zimperlich bekannten Polizisten zu weit, vielleicht aus Respekt vor dem alten Herrn, vielleicht, weil die gezahlten Bestechungsgelder nicht hoch genug ausgefallen waren, und sie ließen ihn wohl weitgehend in Ruhe.

Wenn sie nicht gerade vor dem Gefängnis randalierten, zog die gesamte Karawane regelmäßig mit einem großen Polizeiaufgebot zum mittlerweile unbewohnten Haus von Nadia's Eltern, um dort lautstark die Verhaftung meiner Schwiegermutter zu fordern. Obwohl diese auch bereits mit den Nerven am Ende war, gelang es ihr, sich zu verstecken, um diesem Mob nicht zum Opfer zu fallen, und trotzdem aus dem Untergrund zu versuchen, ihrem Mann und Sohn Hilfe zu leisten.

Ich hatte ihr Hilfe geschworen, aber was sollte ich tun, vom fernen Deutschland aus? Ja, Geld konnte ich schicken, aber das war auch schon alles. Es kam der Tag, an dem Nadia's Mutter signalisierte, dass sie kurz vor dem Zusammenbruch stand. Wir konnten auf gar keinen Fall nach Pakistan reisen, soviel stand fest. Rettung nahte durch einen Bruder meiner

Kapitel 7 Das Ende vom Anfang

Frau, der in Dänemark lebte und den Irma sicher aus Versehen vergessen hatte, mit anzuzeigen. Wir waren sehr erleichtert, als sich dieser auf die Reise nach Pakistan machte, um gemeinsam mit einem befreundeten Anwalt die Sache der Familie in die Hand zu nehmen.

Die Hoffnung hielt nicht lange, als Nadia gegen Abend einen Anruf annahm und kurz danach in Ohnmacht fiel. Mithilfe von Adil konnte ich Nadia wieder zu sich bringen, woraufhin sie uns sagte, dass ihre Befürchtungen wahr geworden waren und ihr Vater im Gefängnis tatsächlich einen Herzinfarkt erlitten hatte und unter Aufsicht von Polizisten in ein spezielles Krankenhaus gebracht wurde. Nadia verlor die Nerven und etwa zur gleichen Zeit ging ein seltsames Rumoren durch die Familie meiner Frau. War es bisher immer so gewesen, dass die Familie, ohne dass sie viel wusste, hinter uns gestanden hatte, als es darum ging, die Kinder zu befreien, selbst um den Preis der Inhaftierung meines Schwiegervaters und Schwagers, machte sich plötzlich eine andere Meinung breit. So musste ich von noch zugetanen Familienmitgliedern hören, dass man allmählich begann, mir die Schuld für das ganze Debakel zu geben. Würde ich meinen Starrsinn aufgeben und die Kinder nach Pakistan zurückbringen, wäre der ganze Spuk mit einem Schlag vorbei.

Also warum tat ich das eigentlich nicht? Beispielhaft war folgender Anruf eines Cousins: „Was wäre denn eigentlich so sehr schlimm daran, wenn Deine Söhne bei Ihrer Mutter leben würden? Schließlich würden sie in guten Verhältnissen aufwachsen und wir würden uns ja auch um sie kümmern. Wir können Dich nicht verstehen. Warum setzt Du das Glück der ganzen Familie Deiner Frau aufs Spiel, nur um mit dem Kopf durch die Wand zu gehen?" Das war also der allgemeine Tenor! Und das war es auch, was Irma erreichen wollte! Endlich hatte ich es verstanden: Sie wollte mich tatsächlich komplett vernichten, in dem sie mich finanziell ruinierte und innerhalb der Familie völlig isolierte. Das hatte sie gut eingefädelt. Gott sei Dank, dass mein Schwiegervater wegen meiner Halsstarrigkeit noch nicht im Gefängnis gestorben war, was wäre das für ein Fest gewesen!

Sofort, nachdem mein Schwiegervater wieder das Bewusstsein erlangte, erfuhr er von den erwähnten Gerüchten und rief mich vom Krankenhaus an: „Auf keinen Fall darfst du hierher nach Pakistan kommen. Mach´ dir keine Sorgen! Meine Anwälte kümmern sich um die Sache hier. Konzentriere du dich nur auf deine Kinder!" Damit waren die Hetzversuche beendet. Er ermutigte mich noch weiter: „Ich bin stolz auf dich, mein Junge! Wie ein Adler bist du gekommen, hast deine Kinder aufgefangen und warst wieder verschwunden. Und das, während du wusstest, dass es einen gültigen Haftbefehl gegen dich gab." Ich überlegte: Hatte ich Einfluss darauf, dass sich die Kinder gemeldet hatten? Hatte ich Einfluss darauf, dass mein Ex-Schwiegervater ins Gefängnis kam? Hatte ich einen Einfluss darauf, nicht verhaftet geworden zu sein? „Wohl eher nicht", antwortete ich mir selbst. Also muss das Schicksal gewesen sein! Alles, aber wirklich alles, sowohl in Deutschland als auch in Pakistan hätte nach hinten losgehen können: die Strafver-

Kapitel 7 Das Ende vom Anfang

fahren, Zivilverfahren, körperlichen Übergriffe und die Haftstrafe.

Zwischendurch musste ich mich immer wieder gewaltsam daran erinnern, dass ich einmal mit dieser Frau, die im Mittelpunkt allen Übels stand, verheiratet war und dass sie die Mutter meiner Kinder ist. Lieber Gott, dagegen waren Dr. Jekyll und Mr. Hyde ein freundliches Zwillingspärchen! Was für eine kriminelle Energie und Brutalität, was für einen Hass musste jemand in sich tragen, um so ein Schauspiel zu inszenieren! Die Erkenntnis traf mich wirklich wie ein Schlag: Sie ging tatsächlich über Leichen, um sich an mir für die Schmach zu rächen, die ich ihr durch die Scheidung angetan hatte. Wie viele Leichen und ob vielleicht zufällig ihre eigenen Kinder oder eine ganze, völlig unschuldige Familie darunter waren, war ihr offenbar völlig egal. Über den Koranvers „...und wenn ihr eine Seele tötet, so ist es, als wenn ihr die gesamte Menschheit getötet hätte" konnte sie wahrscheinlich nur lachen. Na ja, was soll man von einer Mutter erwarten, die auf den Koran schwört, um ihre Kinder zu belügen.

Sie nutze skrupellos die Behörden in Deutschland und Pakistan, die sich auch gerne von ihr nach Herzenslust instrumentalisieren ließen. Ich konnte es nicht fassen.

Ich hatte nicht viel Zeit, um mich in philosophische Gedanken über Irma zu vertiefen, denn der Druck, den die Familie nun sehr deutlich auf mich ausübte, stieg kontinuierlich an und erreichte Ende Oktober 2007 seinen vorläufigen Höhepunkt. Keiner gab sich mehr die Mühe, die nicht gerade freundlichen Emotionen mir gegenüber zu verbergen, so dass ich schließlich, vorsichtig formuliert, mit dem Rücken an der Wand stand. Der offenbar einzig Vernünftige in diesem Hexenkessel war, man sollte es kaum glauben, mein inhaftierter Schwiegervater, der vermittels verborgener Botschaften über seinen Sohn, der ihn besuchen durfte, die ganze Sippe versuchte, mit den Köpfen zusammenzuschlagen und meine Position zu stärken. Er ließ ausrichten, dass ich ihn nicht mit einbezogen hatte, als es darum ging, meine Kinder zu befreien, eben um ihn und die Familie zu schützen, dass dieses ganze Theater ausschließlich Irma und ihrem Clan zu verdanken sei und dass es unter keinen Umständen in Frage käme, die Kinder dieser Irren und ihrem kriminellen Anhang auszuliefern. Dieses Machtwort entspannte die Situation ein wenig, wenngleich nicht abschließend.

Wie wir alle, hoffte natürlich auch mein Schwiegervater auf die segensreiche Wirkung des angekündigten offiziellen Schreibens von Herrn Meier über die Deutsche Botschaft, das ja zur unmittelbaren Entlassung der Gefangenen führen sollte.

Tatsächlich traf dieses Schreiben wie von Zauberhand ein, aber es tat nicht das, was es sollte, nämlich unsere Probleme lösen. Vielmehr warf es neue Fragen auf, denn die Formulierung enthielt unglückliche Fehlinformationen, auf die sich die pakistanischen Behörden begierig stürzten. Plötzlich hieß es hier, dass die Kinder selbst zur Botschaft gekommen seien. Nun braucht man nicht allzu viel Scharfsinn, um zu erkennen, dass es schier

Kapitel 7 Das Ende vom Anfang

unmöglich für zwei Kinder dieses Alters ist, sich alleine in der ihnen völlig unbekannten Stadt Islamabad zurechtzufinden, die noch dazu Tag und Nacht über ein verwirrendes Verkehrschaos verfügte, und dann freudestrahlend in der Deutschen Botschaft zu erscheinen. Also: wer hatte sie dorthin gebracht? Mein Schwiegervater? Mein Schwager?

Als ich davon hörte, rief ich sofort Herrn Meier an: „Ist es richtig, dass im Brief steht, die Kinder seien selbst zur Botschaft gekommen? Ich dachte, Sie hätten detailliert geschildert, wie Sie die Jungs auf der Straße aufgelesen haben!" Herr Meier holte tief Luft und sagte: „Ja, das ist richtig. Wir durften im Schriftsatz nicht erwähnen, was ich getan hatte, damit ich in Pakistan nicht gesetzeswidrig gehandelt hatte. Aber wie schon gesagt, der Polizei habe ich das verbal mitgeteilt." Dies konnte ich ihm wirklich absolut nicht zum Vorwurf machen, denn Herr Meier hatte Unglaubliches für meine Jungen getan, so musste ich auch Verständnis dafür haben, dass er sich schon genügend in Gefahr gebracht hatte und nun dadurch keinen persönlichen Nachteil haben sollte. Die Familie Nadia's hatte aber kein Verständnis dafür.

Doch zu unserem Erstaunen kamen die pakistanischen Behörden auf eine ungewohnt gute und sogar praktikable Idee: Wenn jemand wirklich wusste, wie sich die Sache nun tatsächlich zugetragen hat, dann sind es...? Richtig! Meine Söhne. Als ich diese Idee vor vielen Wochen zur Diskussion stellte, wurde sie abgeschmettert. Also wurden wir erst jetzt aufgefordert, mit den Kindern zum pakistanischen Konsulat in Frankfurt zu gehen, damit sie dort ein notariell beglaubigtes Statement abgeben konnten. Primär ging es um die Schilderung, wie sie denn aus dem Haus gelangt waren, nämlich durch die abgeschlossene Hintertür. „Geh' zur Seite!" hatte Adil seinen zögernden großen Bruder angeschrien, und die Tür kurzerhand eingetreten. So konnten sie sich vor den neugierigen Blicken der Nachbarschaft schützen.

Danial lag zu dieser Zeit im Krankenhaus, also war Adil der Mann der Stunde. Wir setzten gemeinsam das Schreiben auf, dass dann natürlich noch ins Englische übersetzt werden musste und wieder war ein Tag weg. Bei Anbruch der Morgendämmerung machte ich mich mit Adil zum pakistanischen Konsulat auf. Dort warteten auch schon einige Beamte auf uns. Mein Schwiegervater, der dort viele Bekannte hatte, teilte ihnen mit, was passiert ist und dass er im Gefängnis sitzt und nachdem sie die ganze Geschichte mitbekommen haben, waren sie bereit uns zu helfen. Wir trafen unseren Ansprechpartner und erklärten ihm, dass Danial heute nicht da sein konnte, da er mit einer Infusion im Krankenhaus liegt. Er führte uns in ein Zimmer, in dem eine Protokollantin saß. Adil begann, dem Mann die Geschichte zu erzählen, während ich ruhig daneben saß und zuhörte. Der Beamte hatte Adil einige komplizierte Fragen gestellt, um das Schreiben genauestens mit Adils Aussage vergleichen zu können. Ich machte mir überhaupt keine Sorgen, denn Wahrheit bleibt Wahrheit. Nach einer Stunde war das Interview endlich vorbei und wir konnten gehen. „Es ist alles in Ordnung, Adil's Aussage deckt sich komplett mit Ihrem Dokument," sagte der Beamte sogar mit einer gewissen

Kapitel 7 Das Ende vom Anfang

Freundlichkeit, „ich habe Ihr Schreiben beglaubigt und werde es nun über den Amtsweg nach Islamabad schicken." Wir schrieben mittlerweile den 01.11.2007 und ich fragte mich, ob dieser Amtsweg noch vor dem Schluß dieses furchtbaren Jahres enden würde. Aber ich fragte ihn nicht.

In der Zwischenzeit konnte ich feststellen, dass die Deutschen Behörden die Sache nun ebenfalls sehr ernst nahmen und die Ermittlungsarbeit schneller voranbrachten, denn mein letztes Schreiben vom 29.10.2007 beinhaltete die genauen, kriminellen Dinge, die Irma zur Zeit der Entführung vor Ort in Pakistan trieb. Daraufhin wurde uns mitgeteilt, dass am 31.10.2007 durch das Amtsgericht Frankfurt ein internationaler Haftbefehl gegen Irma ausgestellt wurde. Ich ging davon aus, dass die Staatsanwaltschaft sich erst über die Deutsche Botschaft in Islamabad über die Sachlage erkundigt haben wird, bevor sie sich - entgegen der vorherigen Tendenz des Oberstaatsanwaltes - doch für die Beantragung eines internationalen Haftbefehls entschieden hatten. Auch hatte sich über die Staatsanwaltschaft herausgestellt, dass Irma am 25.08.2007 einen Nachsendeauftrag für ein Jahr bei der Deutschen Post an ihre pakistanische Adresse eingestellt hatte. Hierzu muss ihr aber jemand aus Deutschland geholfen haben, da sie sich zu diesem Zeitpunkt bereits in Pakistan befand.

Nach einiger Zeit war tatsächlich der Amtsweg beendet und das Schreiben aus dem pakistanischen Konsulat war offenbar bei den Behörden eingetroffen. Wer nun aber dachte, dass mein Schwiegervater und sein Sohn aus der Haft entlassen wurden, hatte weit gefehlt. Die pakistanische Polizei kam nun auf die Idee, dass sie der Aussage eines 9-Jährigen, und sei sie auch mit 20 notariellen Stempeln versehen, nicht ohne weiteres Glauben schenken konnte. Deshalb fingen sie nun an, nach Zeugen dafür zu suchen, dass der Kleine keine ihm eingetrichterten Märchen erzählt hatte.

Da sich die Flucht der Jungen aus dem Haus nach dem Freitagsgebet abgespielt hatte, erwies sich der gerade aus der gegenüberliegenden Moschee tretende Imam als äußerst hilfreich. Er konnte sich nämlich sehr gut an die zwei Jungen erinnern, die über die Mauer sprangen, wobei sich der Kleinere verletzte und trotzdem eilig die Straße herunterhumpelte, weil er noch dachte: „Na, was haben die Beiden denn angestellt!?"

Auch die Aussage des heiligen Mannes reichte den Behörden immer noch nicht und weitere Zeugen mussten her. Die Wohngegend, um die es hier geht, ist eine Art Diplomatenviertel, in dem die Häuser in der Regel von Türstehern bewacht werden. Nun wurden alle im Sichtbereich des Hauses stehenden Herren befragt und in der Tat konnten sich einige an die beiden Jungen erinnern, da der Größere den humpelnden Kleinen immer wieder anschrie: „Nun mach' schon, Du lahme Ente!" Die Behörden ließen sich viel Zeit mit den Befragungen und deren Protokollierung, so dass weitere Tage und Nächte vergingen, ohne dass die Entlassung meiner Verwandten aus der U-Haft auch nur in Aussicht stand.

Kapitel 7 Das Ende vom Anfang

Am 06.11.07 klingelte mein Handy und ich sah eine pakistanische Nummer, und wie immer, wenn das geschah, beschleunigte sich vollautomatisch meine Herzfrequenz. „Guten Tag, ich bin ein Beamter der pakistanischen Polizei und möchte mit ihren beiden Söhnen sprechen", hörte ich eine mir unbekannte Stimme sagen. Da ich verstanden hatte, dass die Ermittlungen unter Umständen gerade kurz vor einem Wendepunkt zu unseren Gunsten standen, verkniff ich mir irgendwelche Diskussionen und stimmte zu. Wir besuchten gerade Danial im Krankenhaus, so dass alle da waren, die Kinder und Mama und Papa, um sie zu unterstützen.

„Es handelt sich um eine Art Telefonkonferenz", sagte die Stimme, „die Aussage der Kinder wird über Lautsprecher übertragen." Wohin und zu wem, fragte ich mich. Diese Frage wurde mir gleich beantwortet und ich dachte, mich trifft der Schlag. „Hier sind folgende Personen versammelt", erklärte der Polizist, „zunächst Ihr Schwiegervater und Ihr Schwager, Ihre Ex-Frau und deren Mutter, alle beauftragten Strafverteidiger und eine Reihe ranghoher Polizeibeamten." Mein Gott, wie hatten sie das denn fertigbekommen, sie alle um einen Tisch zu bekommen? „Es ist wohl in unser aller Interesse, diese Angelegenheit nun endlich zu einem Ende zu bringen", hörte ich die Stimme sagen und ich begann vorsichtig wieder, an das Gute im Menschen zu glauben.

Die Kinder wurden über den Verlauf der Reise aus Deutschland über England und über ihren Aufenthalt in Islamabad befragt und antworteten völlig unverblümt. Natürlich kamen ihre Mutter und Großmutter nicht besonders gut dabei weg, denn die Aussage stand in diametralem Gegensatz zum dem, was die Damen ausgesagt hatten. „Du hättest Irma und ihre Mutter sehen sollen", erzählte mir mein Schwiegervater in einem späteren Gespräch, „ich habe gedacht, sie graben ein Loch und verkriechen sich im Boden!" Das freute mich zwar, war mir aber in diesem Moment völlig egal. Viel interessanter war: Wie würde der Bericht der Polizei nach der Befragung der Kinder ausfallen? Unsere Gebete wurden erhört: Im finalen Polizeireport wurde die Unschuld meines Schwiegervaters und seines Sohnes eindeutig festgestellt, so dass dem Richter nun beim bösesten Willen nicht anderes übrig blieb, als sie auf Kaution auf freien Fuß zu setzen. Meine Frau und ich lagen uns in den Armen. Endlich. Doch halt, da fehlte doch etwas oder hatten wir nicht richtig hingehört? Es war nicht die Rede davon, dass der Richter das Hauptverfahren eingestellt hatte. Merkwürdig. Und genau das war der Haken. Also Happy End? Keine Spur! Irma und ihr Clan holten zum absoluten Rundumschlag aus: sie legten sofort gegen das Urteil Berufung ein und stellten explizit alle Aussagen in Frage: die der Kinder, die der Zeugen, die der Polizei und zauberten plötzlich angeblich sichere Beweise dafür aus dem Hut, dass mein Schwiegervater die Polizei bestochen hätte. Wie jetzt? Wer jetzt der Meinung war, dass der Richter diese ganze verlogene Bande aus dem Gericht jagen und einsperren lassen würde, sah sich getäuscht, wie z.B. meine Frau und ich. Der Richter tat das Undenkbare: Er fällte kurzerhand ein neues Urteil, annullierte die Kaution und ließ die beiden, wie gesagt, nicht Irma und Anhang, sondern meinen Schwiegervater mit Sohn wieder inhaftieren.

Kapitel 7 Das Ende vom Anfang

Aber eine Neuerung dachte er sich nun doch aus: Er überstellte sie nicht mehr ins Untersuchungsgefängnis, sondern nun kamen sie in das berühmt berüchtigte Gefängnis Adiala Jail in Rawalpindi. Dieses Gefängnis ist bekannt als Hauptsitz der pakistanischen Mafia, wobei die Leitung und das Aufsichtspersonal der Anstalt lediglich Statistenrollen besetzen. Wunderbar, das hatte uns noch gefehlt. Die Wahrscheinlichkeit, dass unsere Angehörigen dort jemals lebend herauskamen, ging wirklich gegen Null. Hier überlebten nur die Mafiabosse und deren Schergen.

Aber in diesem Fall hatten wir wohl die Kreativität und das schauspielerische Können meines Schwiegervaters komplett unterschätzt. Ich habe nicht die Spur einer Vorstellung, wie er es angestellt hat, aber er muss den Mafiaboss so überzeugend gegeben haben, dass sich keiner von den noch so finsteren Gesellen an ihn und seinen Sohn herantrauten.

Aber das wussten wir damals nicht und brachen zusammen. Donnerwetter, wir hatten es wirklich weit gebracht mit unseren Bemühungen, im wahrsten Sinne des Wortes vom Regen in die Traufe. Allmahlich wich meine Verzweiflung einer übermächtigen Wut gegen diese unvorstellbare Ungerechtigkeit und vor allem, gegen die, die daran die Schuld trugen. Der Richter war bestochen, gekauft, wie alle, die Irma im Weg standen und nur allzu gerne die Hand aufhielten. Mit Papa's Geld hatte sie es einmal wieder geschafft, sich als Täter zum Opfer zu machen. Ich werde es ihr heimzahlen, das schwöre ich.

Am 12.11.2007 stand die nächste Anhörung vor dem Guardian Court an, dem ich mich mit sehr gemischten Gefühlen entgegensah. Bis jetzt war Irma nie vor Gericht erschienen und hatte die Richterin so, für mich erfreulich, gegen sich aufgebracht. Nun aber musste sie sich nicht mehr verstecken und somit war mit einem großen Auftritt zu rechnen. Und Irma enttäuschte mich nicht: Blass und ausgemergelt erschien sie vor eben jener Richterin, die sie kurz vorher ebenso skrupellos an der Nase herumgeführt hatte, um ihr die Geschichte von der verstoßenen, geschundenen Ehefrau vorzuspielen, die mit Klauen und Zähnen sich und ihre Kinder gegen das terroristische Monster, das einmal ihr Ehemann war, zu verteidigen sucht. Und der größte Hohn war: sie glaubte ihr auch noch! Also wurde ich einmal wieder der Justiz zum Fraß vorgeworfen, ohne dass ich mich auch nur verteidigen konnte.

Aber damit nicht genug: Wie gerufen, erschien dann auch noch mein bester und teuerster Anwalt, den ich gedanklich bereits ad acta gelegt hatte, wieder auf der Bildfläche, um mir schlaflose Nächte zu bereiten. Wie gesagt, hatte ich ihm mitgeteilt, dass ich keinerlei Interesse an der Fortsetzung des Verfahrens habe und er sich bitte als letzte Dienstleistung um dessen Einstellung kümmern sollte. Nun erklärte er mit in epischer Breite, wie wichtig es sei, die Formalien einzuhalten. Außerdem sei er ohnehin der Ansicht, dass das Verfahren zu diesem Zeitpunkt gar nicht eingestellt werden könne.

In diesem Zusammenhang fiel mir auf, dass er, angesichts der Tatsache, dass ich ihm keinerlei Informationen über den Fort-

Kapitel 7 Das Ende vom Anfang

gang des Verfahrens gegeben hatte, bemerkenswert gut informiert war. Was fiel mir dazu ein? Vermutlich hatte auch er sich mit Hilfe einer großzügigen Spende das nötige Wissen erkauft. Ich beschloss, seine wohlgemeinten Hinweise zu ignorieren, hatte aber nicht mit seiner Hartnäckigkeit gerechnet. Schriftlich zeigte er mich ausführlichste Horrorszenarien auf, die die Lage meines Schwiegervaters in den dunklen Kerkern von Rawalpindi ebenso betrafen, wie mich und meine Familie, um dann sofort seine ebenso helfende und wie räuberische Hand auszustrecken.

Allerdings erfuhr ich nicht viel Neues von ihm. Irma versuchte mit allen Mitteln, einen internationalen Haftbefehl gegen mich zu erwirken, um mich über die Interpol nach Pakistan ausliefern zu lassen. So weit, so gut. Was mich allerdings komplett in Rage brachte war, dass sie mich allen Ernstes als Kidnapper darstellte, ein Vergehen, dass wie gesagt in Pakistan bei schlechter Stimmung des Richters auch schnell einmal am Galgen enden kann.

Vorsichtshalber erkundigte ich mich bei meinem deutschen Anwalt über das Worst-Case-Szenario, falls sie tatsächlich Erfolg haben sollte. „Machen Sie sich keine Sorgen", sagte er, „eine Auslieferung durch einen deutschen Haftrichter mit ein bisschen Restverstand ist höchst unwahrscheinlich. Aber vielleicht sollten Sie im Moment Ihren Urlaub nicht in Pakistan planen." Nun, das musste er mir nicht zweimal sagen, da meine Lust, dieses Land zu betreten, sich wirklich in den angemessenen Grenzen hielt. Allerdings riet er mir, falls ich von einem solchen Haftbefehl erfahren sollte, dringend zu Gegenmaßnahmen. „Wissen Sie, sonst kann es Ihnen passieren, dass an irgendeiner anderen Grenze plötzlich und unerwartet die Handschellen klicken."

Da wir ja an mehreren Fronten kämpften, durfte ich auch die Ermittlungen der deutschen Behörden nicht aus den Augen verlieren, die zu meinem Erstaunen auf Hochtouren liefen.

Nachdem Danial mir erzählt hatte, wer seiner Mutter in Deutschland bei der Vorbereitung und Durchführung geholfen hatte und bereit war, eine schriftliche Aussage abzugeben, gab ich sofort alle Namen und Adressen umgehend an die Staatsanwaltschaft in Frankfurt weiter, ebenso wie Irma's mir bekannte Adressen in Pakistan. In rasender Geschwindigkeit wurden alle genannten Personen unter dem Verdacht der Beihilfe zur Kindesentziehung vernommen. Das war die gute Nachricht. Die schlechte war, dass gegen meinen erbitterten Widerstand dennoch das Ermittlungsverfahren gegen Irma und ihren Vater vorläufig eingestellt wurde, da deren Aufenthalt in Deutschland nicht feststellbar war. Ich wurde allerdings damit beruhigt, dass die erforderlichen Fahndungsmaßnahmen eingeleitet seien.

Aus Pakistan erfuhren wir, dass wir dem vorgeblich bestochenen Richter offenbar Unrecht getan hatten. Er wollte vielmehr eine absolut sichere Entscheidung treffen und hatte deshalb aus Unsicherheit die neuerliche Inhaftierung angeordnet. Wer's

Kapitel 7 Das Ende vom Anfang

glaubt! Ich war nach wie vor der Meinung, dass er massiv unter Druck gesetzt worden sein musste. Schließlich war Irma's Mutter die Tochter eines sehr betuchten und politischen einflussreichen Juweliers, dessen Name, den sie oft und gerne verwendete, immer noch Wunder wirkte und Menschen einschüchterte. Diesem Charme konnte sich sicher auch der Richter nicht entziehen und zog das Verfahren so korrekt. wie unter dem Einfluss jener Möchtegern First Lady möglich, durch. Zu seiner Ehrenrettung sei anzumerken, dass er sich in den zahllosen Verfahren zwischen Mitte November und Mitte Dezember 2007 nicht auf Irma's Ansinnen, die Todesstrafe zu verhängen, eingelassen hat.

Andererseits war die Tatsache, dass er meinen Onkel zugunsten seiner äußerst langwierigen Ermittlungsarbeit im Gefängnis schmoren ließ, ein deutliches Indiz dafür, dass er eher dessen Schicksal skrupellos in Kauf nahm, als sich mit den keifenden Damen anzulegen. Wahrscheinlich fürchtete er auch, dass er bei einer Entscheidung zu unseren Gunsten mit Schimpf und Schande und einem dicken Korruptionsvorwurf vom Hof gejagt worden wäre.

Wie dem auch sei: nach einem ganzen Monat verkündete er endlich Mitte Dezember 2007 sein Urteil, dass die Häftlinge gegen Kaution freizulassen seien, allerdings ohne die Haftbefehle gegen uns alle aufzuheben. Schließlich musste er sich ja ein Hintertürchen offenlassen.

Es war also endlich geschafft. Mein Schwiegervater und mein Schwager waren frei, na ja, eigentlich immer noch nicht richtig, denn über uns allen schwebte immer noch das Damoklesschwert der Haftbefehle, die jederzeit wieder zum Leben erweckt werden konnten. Aber es war wenigstens ein bisschen Zeit zum Luftholen. Nach den vielen Wochen des Kampfes waren wir erschöpft, ausgelaugt an Körper, Seele und leider auch an Geldbeutel. Aber nicht nur wir, sondern offenbar auch Irma und ihrer Sippe, denn die Schlagfrequenz der Attacken in meine Richtung ließ deutlich nach.

Obwohl die Wachsamkeit und Vorsicht nach wie vor unseren Alltag bestimmte, fühlten wir eine gewisse Entspannung der Situation. Die Wahrscheinlichkeit der erneuten Verhaftung unserer Verwandten in Pakistan nahm täglich ab und auch die verhasste Irma, gegen die ein internationaler Haftbefehl aus Deutschland vorlag, würde zu mindestens in absehbarer Zeit nicht in Deutschland auftauchen und somit auch keine unmittelbare Bedrohung darstellen. Unsere Gegner zogen sich zurück, vielleicht auch, weil sie nach der vielleicht bevorstehenden Einstellung des Verfahrens einen Vergeltungsschlag befürchteten. Und das mit Recht, denn ich hatte mir geschworen, sie alle wegen Betruges, Meineids, Ehrverletzung und vielem Anderen vor Gericht zu zerren, aber natürlich erst, wenn das Verfahren wirklich auch formal Geschichte war. Womit zu dieser Zeit allerdings keiner rechnen konnte, war, dass der Haftbefehl gegen Irma auf Antrag der Staatsanwaltschaft Frankfurt im Mai 2008 aufgehoben wurde, vermutlich, weil irgendein sozialkeramischer Mensch entschieden hatte, dass man der Mutter

Kapitel 7 Das Ende vom Anfang

langfristig den Kontakt zu ihren Kindern ermöglichen sollte. Die juristische Begründung fiel in den Bereich „Unverhältnismäßigkeit".

Schon bald sollte sich beweisen, dass meine Ex-Gattin die Güte der deutschen Justiz nach wie vor nicht recht zu schätzen wusste, sondern sie erneut zu ihrem Vorteil nutzen wollte. An einem schönen Septembertag 2009 fand ich in meinem Briefkasten ein Anschreiben des Sozialamtes in Bad Homburg. Zu meiner großen Überraschung sollte geprüft werden, ob ich meiner Ex-Frau gegenüber unterhaltspflichtig sei. Es dauerte in der Tat eine Weile, bis ich begriff: Sie war zurück in Deutschland! Diese Frau, die auf nichts und niemanden, ihre Kinder eingeschlossen, Rücksicht nahm, um ihre Rachegelüste zu befriedigen, diese Frau, die Behörden und Justiz in mehreren Ländern auf Kosten der Steuerzahler für ihre Zwecke ausgenutzt hatte, diese Frau, die unschuldige Menschen ins Gefängnis gebracht und die Todesstrafe für sie gefordert hatte, diese Frau, die beinahe mit ihrem verrückten Hass 7 Menschen auf dem Gewissen gehabt hätte, diese Frau war zurück in unserem Leben und hatte die Stirn, sich auch noch aus der Staatskasse zu bedienen! Warum machte niemand diesem Treiben ein Ende?

Kurze Zeit darauf hörte ich ihre liebliche Stimme am Telefon. Natürlich war von Demut oder gar Reue keine Spur. Irma beschimpfte und bedrohte mich, wie eh und je. „Ich will meine Kinder sehen, und zwar sofort", kreischte sie. Ich antwortete ihr so gefasst wie möglich, dass ihre Kinder leider nicht das geringste Interesse daran hätten, sie zu sehen. „Du bis gesetzlich verpflichtet, sie dazu zu bringen, mich sehen zu wollen!" Ich bin wirklich ein friedliebender Charakter, aber hätte sie in diesem Moment vor mir gestanden, ich hätte ihr ohne Zögern den Hals umgedreht.

Bedauerlicherweise brachen bei mir sämtlich Dämme und ich brüllte alles aus mir heraus, was ich so lange heruntergeschluckt hatte: „Du bist krank! Mit Deinem abartigen Verhalten hältst Du die halbe Welt in Atem, benutzt Menschen, die Du angeblich liebst, entführst Deine Kinder und verprügelst sie, bringst unschuldige Menschen ins Gefängnis, damit sie dort umkommen und dann willst Du von mir etwas fordern? Mein Gott, Du gehörst wirklich in eine geschlossene Anstalt". „Gut, Du und Deine ganze Familie, ihr werdet noch bereuen, was ihr mir angetan habt. Ihr werdet keine ruhige Minute mehr haben, das schwöre ich Dir. Und sag' Deiner Frau einen Gruß, sie soll schön auf ihre hübschen Töchter aufpassen." Klack, damit legte sie den Hörer auf. Ich stand wie erstarrt da. Es widersprach zutiefst meiner Religion, aber in diesem Moment dachte ich wirklich darüber nach, warum ich sie eigentlich nicht bei passender Gelegenheit umgebracht hatte.

Als ich mich gesammelt hatte, setzte ich mich hin und schrieb sofort einen Brief an die Staatsanwaltschaft in Frankfurt. Wir waren so verblieben, dass ich mich umgehend melde, wenn ich irgendetwas über den Verbleib meiner Ex-Frau erfahren würde. Und das tat ich hiermit, und zwar mit Freuden. Ich vergaß bei dieser Gelegenheit auch nicht, das aggressive Telefonat zu

Kapitel 7 Das Ende vom Anfang

erwähnen und dass meine Familie und ich uns von ihr massiv bedroht fühlten und erneute körperliche Attacken befürchtet werden müssten. Deshalb bat ich darum, den Fall zügig und vorrangig zu behandeln.

Tatsächlich wurden die Ermittlungen sofort wieder aufgenommen und zu meiner großen Begeisterung wurde Irma im September 2009 verhaftet. Diese Begeisterung hielt leider nicht lange an, da die Polizei die Aufhebung des Haftbefehls noch nicht registriert und sie somit ohne rechtliche Grundlage inhaftiert hatte. Eigentlich schade. Ich hatte gehofft, dass sie mindestens so lange in einem deutschen Gefängnis gesessen hätte, wie mein Schwiegervater in einem pakistanischen, was ja für sie ein Aufenthalt im Paradies gewesen wäre, im Vergleich zu dem, was der alte Herr durchgestanden hatte.

Was Anfang 2010 immer noch anstand, war die Anklage wegen Entziehung Minderjähriger und Urkundenfälschung. Gar zu gerne hätte ich den Anklagepunkten noch „Kindesmisshandlung" hinzugefügt. Aber meine Söhne wollten nicht gegen ihre eigene Mutter vor Gericht aussagen, was ich schlicht akzeptieren musste. Eigentlich erstaunlich, dass eine solche Frau so anständige Kinder zur Welt gebracht hatte!

Irma trat mit neuer, sehr beschlagener Anwältin an. Gegen den Vorwurf der Urkundenfälschung, die Fälschung meiner Unterschrift zur Erlangung der Kinderpässe, konnte auch sie nicht viel ausrichten, denn diese war durch eine kriminaltechnische Untersuchung erwiesen worden.

Aber in Bezug auf die Kindesentziehung agierte die Anwältin äußerst geschickt, so dass Irma am Ende wieder als das arme Opfer da stand, das für alle immer nur das Beste wollte.

Gespannt erwarteten wir alle im Juni 2010 das Urteil des Amtsgerichtes. Zuerst glaubte ich an einen Irrtum, doch dann musste ich begreifen, dass es wahr war: Ein deutsches Gericht verurteilte Irma zu einer Freiheitsstrafe von unfassbaren ein paar Monaten auf Bewährung mit einer Bewährungsfrist von einigen wenigen Jahren! Diese Frau hatte uns 5 Jahre unseres Lebens geraubt und fast die ganze Familie ins Unglück gestürzt und ruiniert und ging dafür noch nicht einmal ins Gefängnis? Wer soll das verstehen? In meiner Fassungslosigkeit fiel mir der Satz ein: „Auf dem Meer und vor Gericht ist man in Gottes Hand". Wie wahr. Aber das machte die Sache nicht wirklich besser.

Und damit nicht genug: Irma legte tatsächlich Berufung ein. Sie hatte wirklich die Stirn, dieses lächerliche Urteil anzufechten. Wäre es nach mir gegangen, hätte sie bis in alle Ewigkeit in der Hölle schmoren sollen! Aber sie legte Widerspruch ein. Das bedeutete ein neues Verfahren und neue Aussagen der Kinder, die nun gegen ihre Mutter aussagen mussten, ob sie wollten oder nicht. Schon war ich bereit, als Nebenkläger aufzutreten und diesmal hätte ich mich auch über den Willen meiner Söhne hinweggesetzt und sie wegen Kindesmisshandlung verklagt!

Kapitel 7 Das Ende vom Anfang

Aber ein großer Geist muss Irma ins Gewissen geredet haben, denn einige Tage später zog sie die Berufung zurück und vordergründige Ruhe zog in unser Leben ein. Schon nach 2,5 Jahren wurde schließlich auch das Verfahren in Pakistan gegen uns eingestellt.

Noch immer sind wir in absoluter Halbachtstellung, wenn Irma und ihre Familie in irgendeinem Zusammenhang in Erscheinung treten. Sie hat ihr Ziel, uns zu vernichten, noch nicht erreicht, ein Ziel, dass sie mit Sicherheit nach Ablauf ihrer Bewährungsfrist weiterverfolgen wird.